Stilkunde Frisurenkunde

Berufsgeschichte

von Heinz Möller, Walter Domnick,
Gaby Tinnemeier und Britta Kleemiß

18. durchgesehene Auflage

Handwerk und Technik – Hamburg

ISBN 978-3-582-10012-2 Best.-Nr. 3914

Verlag Handwerk und Technik GmbH,
Lademannbogen 135, 22339 Hamburg;
Postfach 63 05 00, 22331 Hamburg – 2019
E-Mail: info@handwerk-technik.de –
Internet: www.handwerk-technik.de

Umschlagmotiv: Alamy Ltd., Oxon, Großbritannien: Bild 1 (FineArt); Shutterstock Images LLC, New York, USA: Bild 2 (FXQuadro); Bild 3 (Oleg Gekman)
Satz und Layout: Olaf Schlierf, Type & Design, 29331 Lachendorf
Illustrationen: Elisabeth Tusche-Kersandt, Berlin
Druck: Grafisches Centrum Cuno GmbH & Co. KG, 39240 Calbe (Saale)

Die Stilepochen überschneiden sich zum Teil und werden auch durch kleine Zwischenepochen getrennt, weil sich die Stile im europäischen Raum zeitlich uneinheitlich ablösen und ausbreiten.

Einführung

Die Pflege des Haares, seine Formung und kunstvolle Verzierung mit eingearbeitetem Schmuck ist ein wesentliches Merkmal gepflegter Lebensweise und schon seit der Entwicklung ältester Kulturen bekannt. Daran waren auch begabte Menschen beteiligt, die mit handwerklicher Geschicklichkeit und Fantasie die Frisuren ihrer Zeit gestalteten. Wir wollen versuchen, diese Arbeiten als Schöpfungen eines Kunststils und zeitbedingten Geschmacks in einer bestimmten Klimazone zu begreifen. Das Bild eines Frisurenstils wird verständlicher, wenn wir dazu die Hautkosmetik und die Kleidung mit einbeziehen.

Wenn Ausdrucksformen menschlichen Lebens in einem Abschnitt der Kulturgeschichte verwandte Merkmale aufweisen, so sprechen wir von einem **Stil.** Die Ausdrucksmittel eines Zeitgeistes sind vielgestaltig. Gestaltende Kräfte einer Stilepoche zeigen sich besonders in der Baukunst, Malerei, Musik, Dichtung und Kleidung. Das Wort Stil leiten wir ab vom lateinischen stilus = Schreibgriffel. Es bezog sich ursprünglich nur auf die persönliche Darstellungskunst eines Schriftstellers. Den Lebensstil einer Zeit prägten auch vorherrschende Weltanschauungen. Maßgebend daran beteiligt waren Persönlichkeiten und gesellschaftliche Kreise, die durch ihren geistigen, wirtschaftlichen und politischen Einfluss eine beherrschende Stellung einnahmen. Aber auch die einfachen Menschen konnten, ihrem Stand entsprechend, den eigenen Geschmack in Frisur und einheitlicher Kleidung (Tracht) zum Ausdruck bringen. Die Haartracht konnte somit Macht und Ansehen, aber auch niedere Herkunft anzeigen.

Den modisch arbeitenden Friseur kann die Beschäftigung mit den vielfältigen Formen historischer Frisuren anregen, sich mit den gestaltenden Kräften und gesellschaftlichen Strömungen der Stilepochen vertraut zu machen. „Zeige mir, welche Frisuren SIE/ER tragen, und ich sage dir, wie und wann sie gelebt haben."

Wer intensiv mitarbeitet, kann schöpferische Impulse für die tägliche Arbeit und Anregungen für die künstlerische Gestaltung schöner Frisuren erhalten, die über den „Techniker" hinaus den „Stilisten" verraten. Schon die einfache Nachbildung der fantasiereichen historischen Frisuren für Bühne, Film und Fernsehen lässt erkennen, wie schwer es ist, derartige Gebilde zu frisieren. Auch heute veröffentlichen unsere Fachverbände Frisurenempfehlungen, die Grundformen von geschichtlichen Vorbildern herleiten. Ausschreibungen für Frisurenwettbewerbe können auch Arbeiten einer historischen Sparte mit einschließen, wie zum Beispiel rechts zu einer Deutschen Meisterschaft.

Wer Neues schaffen will, muss das Alte kennen!

Wir meinen sogar, wer die typischen Frisurenstile kennt und ihre kunstvolle Gestaltung nacherlebt, hat einen wesentlichen Schritt zur **Geschmacksbildung** getan und auch sein Empfinden für modische Erscheinungen geschult. Die Frisuren unserer Zeit können dann Schöpfungen eines sicher empfundenen Zeitgeschmacks sein, was nicht ausschließt, dass auch die Sehnsucht nach der Vergangenheit (Nostalgie) die Fantasie beflügelt.

Für den Wettbewerb *„Abendfrisur oder Partyfrisur nach historischer Inspiration" stehen diese Vorlagen zur Auswahl:*

Spanische Modefrisur*, 1660*

Österreichische Frisur*, 1810*

Ägypter etwa 3000 – 300 v. Chr.

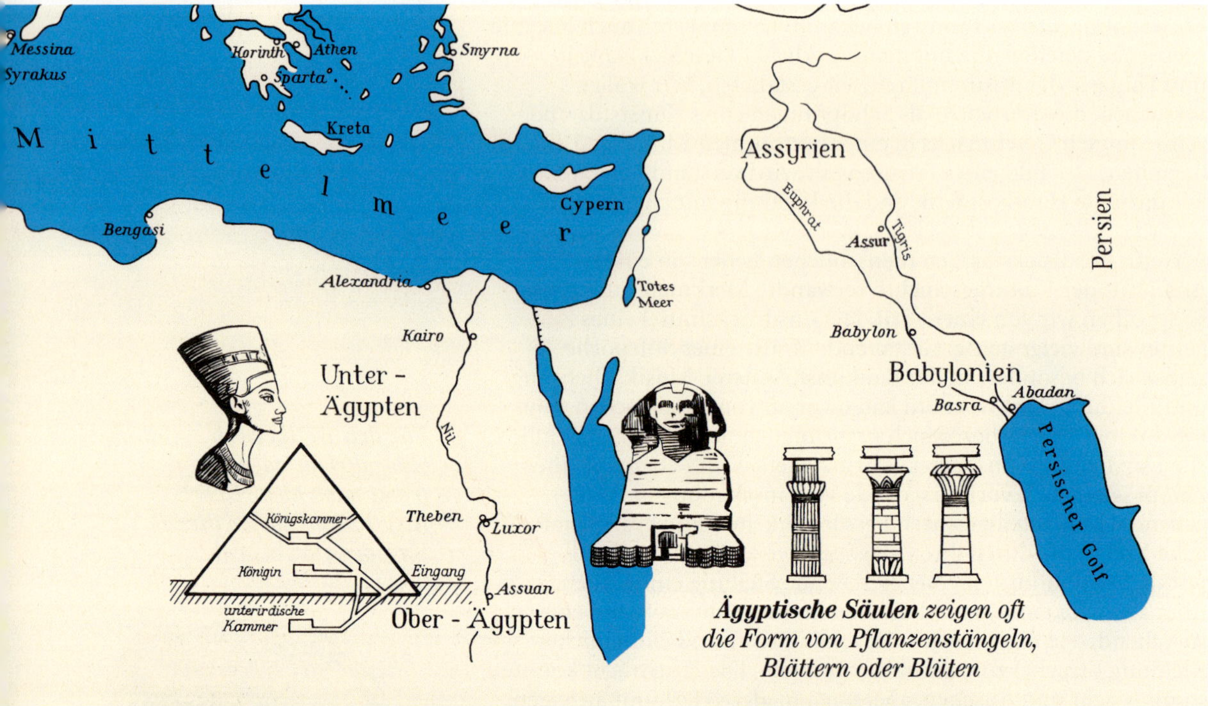

***Ägyptische Säulen** zeigen oft die Form von Pflanzenstängeln, Blättern oder Blüten*

***Relief aus dem Grab des Amenemone, Kalkstein, aus Saqqara.** Neues Reich, Nachamarnazeit um 1320 v. Chr.*

***Die ältesten Kulturstätten der Ägypter, Babylonier, Assyrer, Perser.** Während im nördlichen Europa die Jäger der Steinzeit die Wälder durchstreiften, entstanden am Nil und im Siedlungsraum zwischen Euphrat und Tigris, dem Zwischenstromland Mesopotamien, vom 4. Jahrtausend an große Kulturen der Menschen*

Eines der ältesten Kulturvölker waren die Ägypter. Eine Vorstellung von ihren kulturellen Leistungen und Lebensgewohnheiten in den etwa 30 königlichen Dynastien von 3200 – 330 v. Chr. mit ihren Pharaonen geben uns aufgefundene Papyrusrollen[1] und Tontafeln mit Hieroglyphen sowie zahlreiche, meist farbige Darstellungen der vielen Götter in den Tempeln. Die Steinbilder, die bemalten Wände der Grabkammern in den Pyramiden und die vielen Gebrauchsgegenstände – den Toten auf ihrer Reise ins Jenseits mitgegeben – ergänzen das Bild.

[1] Papyrus = dem Papier ähnliches Schreibmaterial aus dem getrockneten Mark der Papyruspflanze, einem Sumpfgras.

Zum Schminken der Lippen *gab es in Pflanzenstängel geschmolzene wachsartige rote Stifte. Wir erkennen, dass der Lippenpinsel schon in Gebrauch war*

Die Schutzgöttin Selket *mit einem Skorpion auf ihrer im beutelförmigen Tuch gehaltenen formschönen Frisur. Selket gehört zu den Schutzgöttinnen der Eingeweide von Toten. Sie ist mit einem plissierten Gewand und einem stolaförmigen Schal bekleidet. Die vergoldete Holzstatuette von 90 cm wurde im Grab des Tutanchamun um 1330 v. Chr. gefunden*

Einmal im Jahr trat der Nil über seine Ufer, und der fruchtbare Schlamm schenkte den Ägyptern reiche Ernten. Der darauf beruhende Wohlstand war einer der Gründe ihrer hohen Kulturstufe. Das kam auch zum Ausdruck in kunstvollen Frisuren, die in ihren Formen die Mode in den ägyptischen Reichen typisch kennzeichneten.

Im Alten Reich, etwa 2700 – 2100 v. Chr., hatten die Haartrachten eine pagenkopfähnliche Form.

Im Mittleren Reich, etwa 2100 – 1750 v. Chr., waren die langen Perückenfrisuren noch sehr einfach und streng geformt.

Im Neuen Reich, um 1550 – 1100 v. Chr., war das lange, gekrauste Haar der Frau in viele dünne Zöpfe geflochten, deren Enden umeinander gedreht wurden; die Fransen liefen teils stufenförmig aus.

Hieroglyphen*[1] *entziffert

Amenophis, *Schreiberfigur, Granit, um 1350 v. Chr., mit stufenförmig gearbeiteter Perücke*

[1] Hieroglyphen = altägyptische Schrift mit etwa 600 Bildzeichen (siehe das Beispiel oben).

Prinzessin Kawit bei der Morgentoilette, *um 2000 v. Chr. Eine Sklavin frisiert die Perücke ihrer Herrin und befestigt mit einer Art Nadel die kurzhaarigen, tressen ähnlichen Teile an der Perückenmontur. Für frische Milch sorgt ein Diener*

Zierkamm aus Ebenholz, *um 1400 v. Chr.*

Die Frau

Bei den Ägyptern finden wir eine vorbildliche Haar- und Körperpflege. Das Formen der Frisuren lag in den Händen von Dienerinnen und Dienern, die auf ganz bestimmte Tätigkeiten spezialisiert waren. Eine Dienerin löste nur das Haar ihrer Herrin, eine andere war für das Erhitzen der Tonwickel verantwortlich, eine dritte formte nur die Augenbrauen usw.

Die Frisurformen waren einem ständigen Wandel unterworfen. Wir können aber eine allgemeine herabhängende Form herausfinden, die sehr kleine und gekrauste Haarmeschen zeigt.

Im Alten Reich, etwa 2700 – 2100 v. Chr., ließen die Frauen und Männer ihr blau-schwarzes Haar in Form eines Pagenkopfes schneiden und mit Haarpomade angeblich aus Nilpferdfett pflegen. Perücken betonten seit etwa 2500 v. Chr. diese Frisur.

In späteren Dynastien bevorzugten die Frauen und z. T. auch die Männer längeres Haar. Die Frisuren wurden vielgestaltiger. Die vornehme Ägypterin setzte gerne kunstvoll frisierte Perücken über ihr eigenes Haar. Sie waren zugleich Schmuck und ein Schutz vor der afrikanischen Sonne. Den Perücken oder dem Kopfhaar gaben die Dienerinnen gelegentlich mit heißem Hennabrei1 einen rötliche Schimmer. Der Haarersatz war aus Menschen- und Tierhaaren (Wolle) grob gefertigt. Die „Tressen" verknotete man auf einer „Gittermontur" aus Wollfäden. Bandförmig in Etagen übereinander wurden die Tressen auf der Montur befestigt. Vom Mittelscheitel bedeckten oft schmückende Lotosblumen die Stirnpartie der Frisur. Oberhalb eines farbigen Stirnbandes oder eines ziselierten Metallstreifens trug die Ägypterin ihr blau-schwarzes Haar glatt oder ließ es durch erhitzte Tonwickel kräuseln. Der Rest des oft

Geschliffener Silber- oder Bronzespiegel, *um 1400 v. Chr.*

„Gittermontur" *und gekrauste Haare einer Perücke mit gedrehten, langen Haaren*

[1] Henna = rot färbendes Pulver, das aus gemahlenen Blättern des orientalischen Cypernstrauches gewonnen wurde.

schulterlangen Haares wurde in viele kleine dreiteilige Zöpfchen geflochten oder ringelte sich in einer großen Zahl dünner, gekrauster Hängelocken auf die Schultern. Ein Gemisch aus Bienenwachs, Harz, Ölen und Duftstoffen gab dieser ersten „Dauerkrause" eine größere Haltbarkeit.

Haarnadeln und Zierkämme aus Knochen, Horn, Ebenholz oder Elfenbein ergänzten die Frisur.

Im Neuen Reich kam ein parfümierter, die Frisur krönender Balsamkegel auf, der in der Sonne schmelzend das Haar durchzog.

Der Mann

Von den Priesterärzten wurde aus hygienischen Gründen kurzes Kopfhaar vorgeschrieben. Die Pharaonen (Könige), Priester und andere Vornehme trugen Perücken auf ihrem kahl geschorenen Haupt. Die Männer waren zumeist glatt rasiert. In der Steinzeit bestand das Rasiermesser aus einem scharfkantigen Feuerstein; in der Bronzezeit, ab 2500 v. Chr., trat ein sichelförmiges Bronzemesser an die Stelle des Natursteins.

Auf dem Marktplatz rasierte der „Barbier" seine Kunden, die in Hockstellung saßen, den Bart und das Haupthaar. In einem Papyrus um etwa 2000 v. Chr. können wir lesen: „Der Barbier ist bis in den späten Abend hinein mit Barbieren beschäftigt. Er läuft von Gastwirtschaft zu Gastwirtschaft, um seine Kunden aufzusuchen."

Bei feierlichen Anlässen hängte sich der ägyptische König einen Kinnbart um. Wenn die Königin herrschte, trug sie dieses Attribut der Macht und Würde bei bestimmten Anlässen. Überwiegend für Pharaonen war ein eigentümliches, farbiges Königskopftuch vorgesehen. Die heilige Uräusschlange, am Stirnreif oder an der Königshaube befestigt, vervollständigte den königlichen Kopfschmuck.

Das niedere Volk, Bauern und Handwerker, begnügte sich mit einer Schutzkappe aus Leder oder Filz auf kurz geschorenem Haar.

Die Form der ägyptischen Frisur hat sich generell nur im 3. Reich unterschieden. Sie erscheint steif, streng, stilisiert und hat wahrscheinlich deshalb weniger Nachahmung gefunden.

Körperpflege

Das morgendliche Bad mit anschließender Massage, das Einreiben mit parfümierten Ölen und Salben sowie das Schminken gehörten zum Tagesablauf einer vornehmen Ägypterin. Die Handflächen und Nägel wurden mit Henna rot

Fresko aus Theben. *Vornehme Ägypterin, um 1400 v. Chr., mit ihren Sklavinnen beim Ordnen der Haare. Ein Vergleich mit Seite 6 lässt die verfeinerte Kultur im Neuen Reich erkennen. Die geflochtenen Frisuren sind prunkvoller. Stirnreif, Lotosblüten, Ringe und ein parfümierter Wachskegel zieren sie kunstvoll*

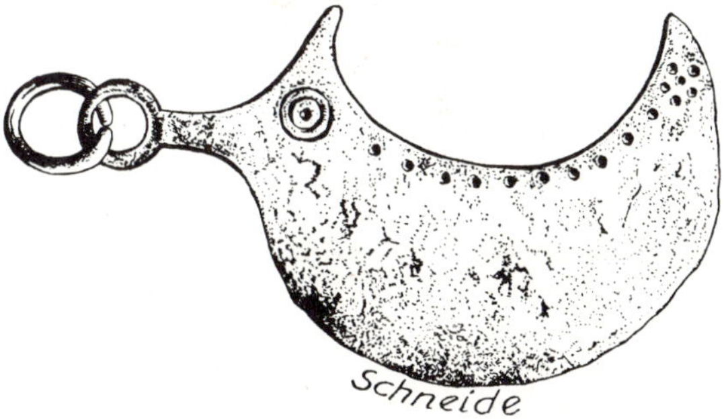

Sichelförmiges Bronzemesser, *Ring zum Anhängen. Heißes Öl erleichterte die Rasur*

Rasierszene, *nachempfunden*

***Salbgefäß**, getragen von einer Dienerin im plissierten Gewand. Große Mengen an Ölen, Salben, Wachsen usw. verbrauchten auch die Bauern, Handwerker und Soldaten zur Pflege der Haut und zum Schutz vor der Sonne*

***Statuette** der Sängerin Mi um 1360 v. Chr.*

***König Mykerinos**, um 2600 v. Chr., mit plissiertem Lendenschurz*

gefärbt. Beliebt waren eine gelbliche Gesichtsfarbe, grüne Augenlider, schwarz nachgezogene Lidränder, schwarze gezupfte Augenbrauen und eine fein nachgezogene Lippenkontur. Graues Haar war auch damals unbeliebt; eine Mixtur aus Öl und Kalbsblut sollte Abhilfe schaffen. Lästige Körperhaare beseitigte eine geheimnisvolle Mixtur. Auch Männer ölten und salbten sich, um die Haut zu schützen und geschmeidig zu erhalten. Über Hafenarbeiter wurde berichtet, dass sie aus Protest wegen schlechter Versorgung mit Hautölen die Arbeit niederlegten.

Kleidung

Die Frau trug in den ersten Dynastien ein hemdartiges, gefälteltes Gewand aus weißem, seltener aus farbigem Leinen.

Der Mann war bekleidet mit einem Lendenschurz. Die Vornehmen beiderlei Geschlechts bevorzugten im Neuen Reich, etwa 1550–700 v. Chr., ein großes Wickelgewand aus einem langen rechteckigen Stück Stoff, der fein plissiert den dunklen Körper durchschimmern ließ.

Einige Abbildungen von Frauen zeigen eine andere Form der Kleidung: enge, lange Röcke, die mit Trägern gehalten wurden. Ein farbiger Ringkragen aus Metall, Emaille, Leder oder Stoff war bei Mann und Frau gleichermaßen beliebt.

Die Ägypter gingen allgemein barfuß. Nur die Priester, die Könige und die Königinnen trugen leichte Sandalen, die bei „Ihr" die vergoldeten oder rot gefärbten Fußnägel vorteilhaft frei ließen. Je nach dem Stand trugen Privatleute Sandalen.

Reliefs und Plastiken babylonischer und assyrischer Könige mit ihren Soldaten zeigen kunstvoll geschnittene und gelockte Bärte sowie sorgfältig gekräuselte Haupthaare.

Mit der Eroberung der damaligen Weltstadt Babylon 539 v. Chr. begründeten die aus dem Norden vordringenden Perser ihr Weltreich mit der neuen Hauptstadt Persepolis.

Auch die Perser trugen gekrauste und streng geordnete Haar- und Barttrachten.

Das Relief von Persepolis, um 500 v. Chr, ist von assyrischen Vorbildern beeinflusst. Auch hier ist die streng geordnete und gelockte Haartracht
Ausdruck standesbewusster Formen Persepolis, vom 6. Jahrhundert bis 330 v. Chr., war die Residenz der Perserkönige nordöstlich von Schiras. Persepolis wurde von Darius I. erbaut und von Alexander dem Großen zerstört

Kupferkopf eines Herrschers *in Mesopotamien. Sargon von Akkad oder sein Enkel, ca. 2350–2200 v. Chr. Neben dem stufenförmig geschnittenen babylonisch geformten Vollbart sind drei im Nacken sitzende schraubenförmige Locken Kennzeichen königlicher Würde. Das zu einem Knoten geschlungene Haupthaar wird unter einer ziselierten Haube getragen*

Assyrer *des mächtigsten Militärstaates um 1000 v. Chr. Kopf- und Barthaare in streng symmetrisch geordneten gedrehten Locken sind Ausdruck standesbewusster Würde eines Herrschers. Vom Stadtstaat Assur aus eroberten sich die Assyrer den Raum zwischen Mittelmeer und dem Persischen Golf, begrenzt durch Ägypten und die heute irakisch/persische Grenze*

Filmtipps

- *Ben Goold, Tony Mitchel,* Die alten Ägypter, Dokumentation, ARD 2004, 4-teilig • *Rouben Mamoulian,* Cleopatra, CH, GB, USA 1962

Aufgaben:

1. Wie erreichte die Dienerin die Haarkräuselung bei ihrer Herrin?
2. Was unterscheidet die ägyptische Art, Haare zu krausen, von unserer Dauerwelle?
3. Beschreiben Sie das Make-up einer Ägypterin.
4. Zeichnen Sie eine weibliche Figur mit dem dazugehörigen Haarschmuck.
5. Was unterscheidet die weiblichen Haartrachten des Alten, Mittleren und Neuen Reiches?
6. Aus welchen Gründen werden auch heute noch Haare mit Henna gefärbt?
7. Welche Arbeiten verlangt die Ausstattung der Oper Aida (Verdi) vom Maskenbildner?

Sie: Eigenhaar oder Perücke, in der Frühzeit als Pagenkopf geschnitten, später langes Haar, Mittelscheitel, erhitzte Tonwickel, viele Einzelflechten oder dünne, gekrauste „Hängelocken", Stirnband mit Lotosblumen; Kopftuch als Sonnenschutz. Haarfarbe blauschwarz, später auch Hennafärbungen.
Er: kurzes Kopfhaar oder kahl geschoren, trug Perücken wie die Frau, aber ohne Schmuck; Leder- oder Filzkappen; glatt rasiert, gelegentlich umgehängter Kinnbart als Zeichen königlicher Würde, z. T. auch von hoch gestellten Frauen getragen. Weitere Zeichen königlicher Würde: Klaft, Uräusschlange und Zepter.

Griechen *etwa 1500 – 150 v. Chr.*

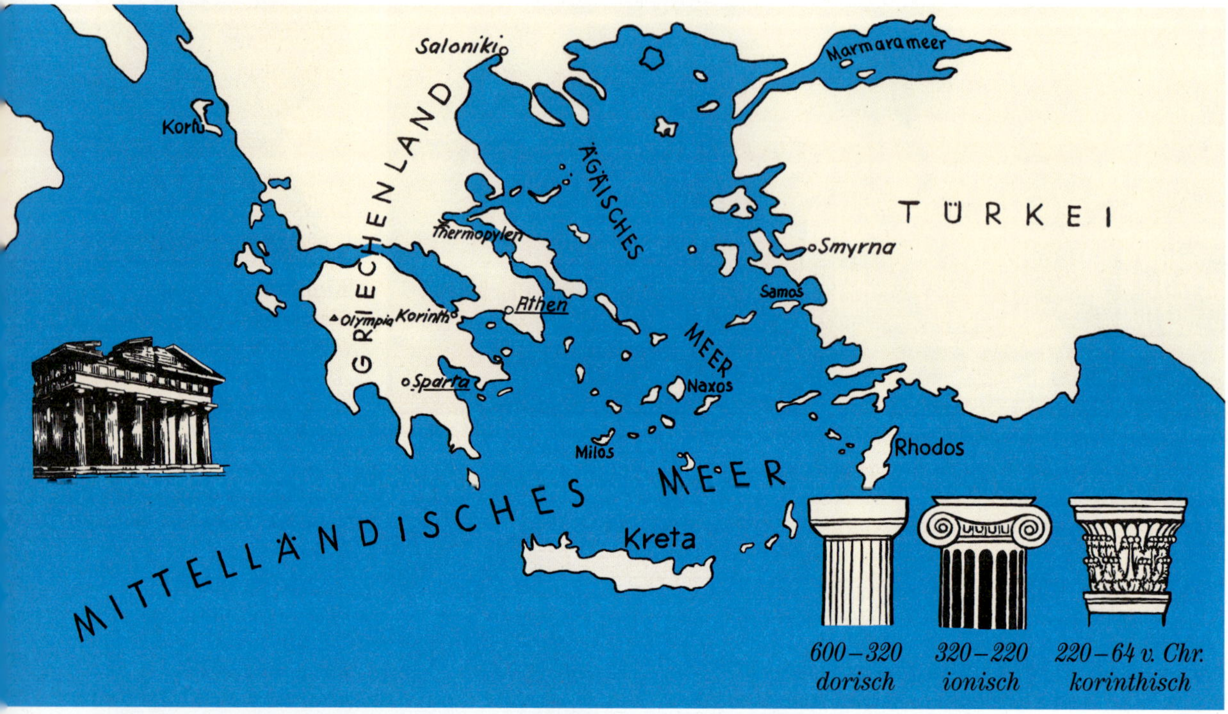

Griechische Kulturzentren. *Athen war Modezentrum und sein Hafen Piräus Umschlagplatz für luxuriöse Waren. Zu Ehren von Gottvater Zeus wurden im Gymnasion bei Olympia ab 776 v. Chr. Olympische Spiele abgehalten. Säulen mit ihren zeitlich abgegrenzten Schmuckformen wurden typisch für die griechische Baukunst*

Läuferin *der Olympischen Spiele*

Relief auf dem Gelände des olympischen Zeus in Athen. *Frisuren und Kleidungen deuten auf die klassische Zeit um 400 v. Chr.*

Der griechische Komödiendichter Menander prüft eine Maske *in der Epoche hellenistischer Kultur, die eingeleitet wurde durch Alexander d. Gr., 356 – 323 v. Chr.*

Das griechische Volk hat in seinen Gedanken und Werken eine wirksame Ausstrahlungskraft auf die Kultur vieler Völker der Erde gehabt.

Kunst, Wissenschaft, Politik, Sport und selbst Kosmetik und unsere Haartrachten sind vielfach vom klassischen Griechentum befruchtet worden. Sichtbare Zeugen dieser hohen Kulturstufe sind z. B. die Säulentempel und die edlen Darstellungen des menschlichen Körpers in Marmor und Erz.

Eine Harmonie von gesundem Geist im gesunden Körper und „schön und gut" zu sein war das erstrebte Lebensideal. Von der Göttin der Gesundheit, Hygieia, stammt die uns geläufige Bezeichnung Hygiene ab.

Leider ist die Geschichte Griechenlands voll von Bruderkriegen; diese Schwächung führte dann auch zur Unterwerfung Griechenlands mit seinen zerstrittenen Stadtstaaten unter die Herrschaft Roms. Doch seine Kultur wirkte weiter und fand ihren entsprechenden Ausdruck auch in der Gestaltung edler Frisuren.

Die Frau

Drei Epochen unterscheiden wir auch bei den Frisuren:

1. **die archaische Zeit** von 1500 bis zu den Perserkriegen, 500 v.Chr.
2. die **klassische Zeit** ab 500 v.Chr.
3. die **hellenistische Zeit** ab 300 v.Chr.

In der **ältesten (archaischen) Zeit** trugen die Frauen das ungeschnittene, oftmals gekrauste Haar offen oder es wurde zu einer Art Haarbeutel hochgenommen. Der sparsame Haarschmuck bestand aus einem Band bzw. Stirnreif oder goldenen bzw. silbernen Nadeln und Spangen. Haarwellen, kleine Stirnlocken und 2 bis 4 längere Korkenzieherlocken, die hinter den Ohren herab auf die Brust fielen, gaben der Frisur das Gepräge.

In der **klassischen Zeit** betonte der am Hinterkopf aufgesteckte Knoten die Frisur. Harmonische Formen aus Mittelscheitel, griechischem Knoten und leicht gewelltem Haar mit einfrisiertem Diadem wurden typisch. Nicht selten waren weiße oder farbige Bänder in die Frisur verwoben, die ihr zugleich einen Halt gaben. Oft dienten auch weitmaschige silberne oder goldene Haarnetze der Frisur als Schmuck und zur Stütze. Einige Darstellungen zeigen seitlich noch Korkenzieherlocken aus archaischer Zeit.

Zum Ausklang dieser Zeit wurde die Frisur durch den zweifach geteilten Haarschopf zu

***Frisur archaischer Zeit,** 500 v. Chr., gekraust, teils gewellt, mit leichten Korkenzieherlocken; Kopftuch*

***Frisur klassischer Zeit,** 400 v. Chr, mit gewellter Knotenfrisur und Zierbändern, die dem Haar Halt geben*

***Frisur hellenistischer Zeit,** 300 v. Chr., mit gewelltem, in Höhe des Wirbels zu lockerer Haarschleife verknotetem Haar; später orientalisch umgewandelt*

***Jüngling** in hellenistischer kunstvoller Frisur*

***Meeresgott Poseidon,** um 450 v. Chr., mit Prachtbart*

***Waffenläufer** der archaischen Zeit, um 520 v. Chr. Langes, gelocktes Kopfhaar, zu Korkenzieherlocken geordnet*

***Bronzestab** zum Locken des angefeuchteten Bart- und Kopfhaares*

***Städtischer Modejüngling.** Wahrscheinlich Apollon, Gott des Lichts, der Jugend und der Musen, um 450 v. Chr.*

einer großen Haarschleife in verschiedener Höhe, z. T. auch mit fremdem Haar, am Hinterkopf befestigt.

Die **hellenistische Zeit** (nach Alexander d.Gr., 356 – 323 v.Chr.) ist gekennzeichnet durch kunstvoll verknotete, orientalisch beeinflusste Frisuren, die auch die römische Frisierkunst stark anregten.

Die bevorzugte Modefarbe war Blond. Mithilfe von Safran aus Krokusblüten versuchte die Griechin ihr dunkelblondes Haar aufzuhellen. Die Technik des Haarverformens erinnert an unsere heute noch geübte Wickelondulation. Das angefeuchtete Haar wurde über ein Rohr aus Metall gewickelt. Dann erhitzte eine Sklavin einen dünnen Kupfer- oder Bronzestab in glühender Asche und schob ihn in das Hohlrohr. Die Sklavin, die das Haar krauste und formte, hieß Calamistra. Das Gerät nannte man Calamistrum. Auch zweizinkige „Gabeln", etwa in Form einer Stimmgabel, waren vermutlich in Gebrauch. Wahrscheinlich ist das angefeuchtete Haar zwischen die Zinken geflochten worden. Auch weite Kämme mit langen Zinken sind bei Ausgrabungen gefunden worden und dienten sicher ähnlichen Zwecken. Die Dichter Griechenlands besangen die Schönheit und Lockenfülle der Frisuren, aber leider verrieten sie uns nichts Genaues über ihre Herstellung. Wir sind nur auf Vermutungen angewiesen.

Der Mann

In der archaischen Epoche trug er langes Kopf- und Barthaar. Die Frisur glich der Frauenhaartracht. Der Vollbart war etwas zugespitzt.

In der klassischen Zeit gab es drei Frisurenstile:

1. langes, gepflegtes Kopf- und Barthaar der Gelehrten, Dichter und bei Götterstatuen;
2. kurz gelockte Haare, z. T. mit Stirnbändern, und glatt rasiert bei Sportlern und Soldaten;
3. halblanges, gekraustes und gewelltes Haar, weiblich frisiert und bartlos bei städtischen Modejünglingen.

In der hellenistischen Zeit wurde das Haar nach orientalischer Art kurz gelockt, der Bart verschwand ganz.

Körperpflege
Ihrem Lebensideal entsprechend benutzten die Griechen häufig ihre Badehallen, die zumeist aus Quellen gespeist wurden. Eine leichte Massage mit parfümiertem Öl, Gymnastik und Vorschriften über Kleidung, Schlaf und Diät verhalfen zu der angestrebten Harmonie von Geist und Körper. Mit parfümiertem Ton säuberte man die Hände nach den Mahlzeiten. Schneeweiße, matte Haut versuchte die Griechin durch reichlichen Gebrauch der giftigen Bleiweiß-Schminke zu erreichen, wodurch ein Kontrast zum grellen Mennigrot der Lippen entstand, mitunter begleitet von Hautveränderungen. Auch Götterstatuen wurden geschminkt. Das Wort Kosmetik kommt aus dem Griechischen. Kosmeten waren Kosmetik ausführende Sklavinnen. Sportler reinigten ihre Haut mit Ölen, die nach dem Einstreichen mittels Striegel abgeschabt wurden.

Kleidung
Männer und Frauen trugen das leinene Unterkleid (Chiton) und das oftmals farbige wollene Oberkleid (Himation), dazu Sandalen, deren Riemen teils bis über die Wade gewickelt wurden. Die Gewänder waren ungenäht und mussten durch Spangen gehalten werden.

***Diskuswerfer** mit flach gelocktem Haar*

***Die Arytaina**, ein Gießgefäß, das zur erfrischenden Körperpflege dient*

***Reinigung** mit Striegel (Sportler, 4. Jahrhundert v. Chr.)*

Sie: bis 500 v. Chr. archaisch gekraust und gewellt, offen frisiert oder Haarbeutel, Korkenzieherlocken; Bänder, Stirnreifen.
Ab 500 v. Chr. klassisch betonter Hinterkopf, aufgesteckter Knoten, Mittelscheitel, Calamistrumwelle; Diademe, Bänder oder Netze; „Blondierungen“ mit Safran.
Nach 300 v. Chr. hellenistisch kunstvoll verknotet, orientalisch beeinflusst.
Er: archaisch, ähnlich wie „Sie“ frisiert; zugespitzter Vollbart.
Klassisch:
1. kurzer Haarschnitt der Sportler und Soldaten,
2. gelockte Frisuren der städtischen Modejünglinge und
3. lang gehaltenes Haupt- und Barthaar der Gelehrten und Dichter. Hellenistisch kunstvoller orientalisch gelockt; allgemein bartlos.

Filmtipps
- *Wolfgang Petersen,* Troja, USA 2004
- *Oliver Stone,* Alexander, USA 2004

Aufgaben:
1. Schildern Sie die Herstellung von Locken.
2. Wie versuchten die Griechen ihrem Lebensideal (gesunder Geist im gesunden Körper) zu entsprechen?
3. Wie stehen Sie zu diesem Lebensinhalt? Wird diese Auffassung auch heute noch vertreten?
4. Sammeln Sie Abbildungen mit Texten in Mappen geordnet.

Römer *etwa 500 v. Chr. – 500 n. Chr.*

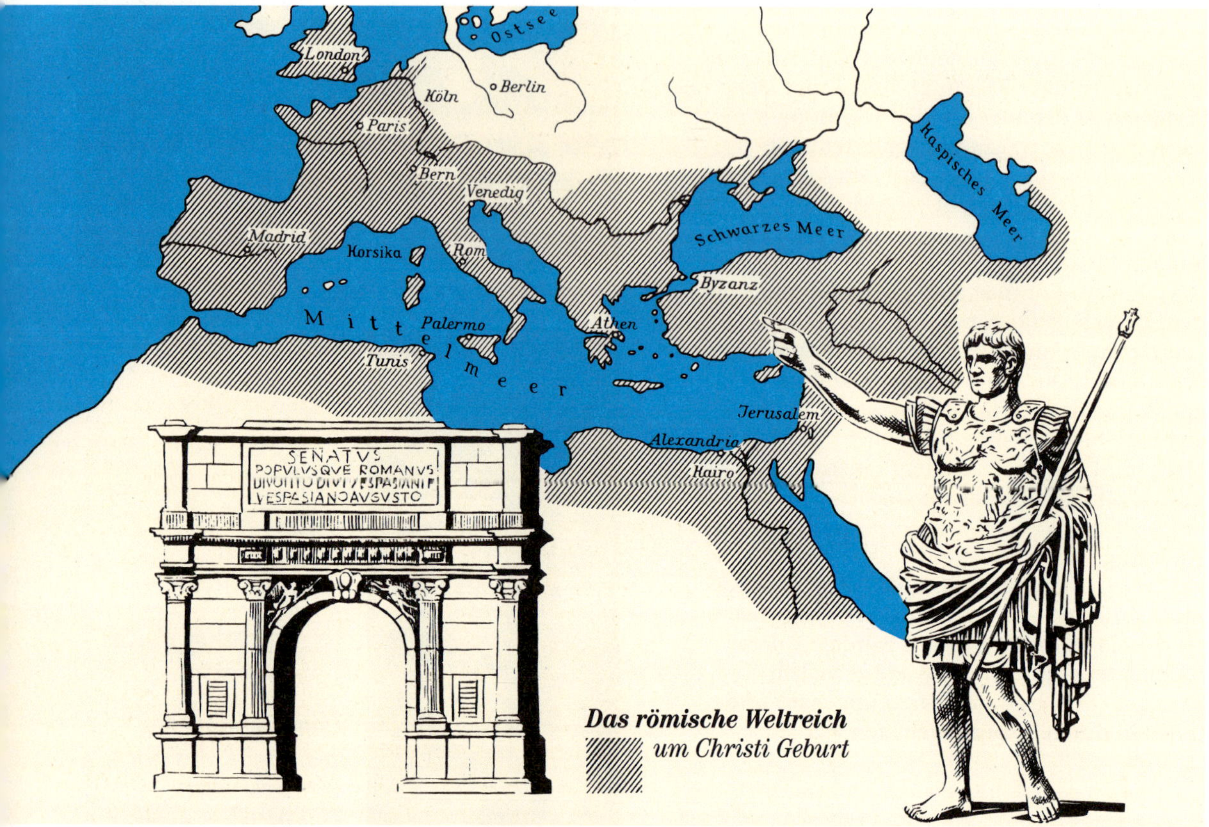

Titusbogen in Rom. *Von den Siegeszügen der Kaiser zeugen Triumphbögen in vielen Städten des Weltreichs*

Kaiser Augustus, *63 v. Chr. – 14 n. Chr., hat über seine Tunika und Toga einen ziselierten Brustpanzer geschnallt*

Griechenland wurde etwa 150 v.Chr. von römischen Legionären erobert. Griechische Sklaven waren im römischen Weltreich wegen ihrer Geschicklichkeit als Handwerker, Künstler, Lehrer und Ärzte sehr begehrt und trugen so die griechische Kultur weiter. Römisches Recht, Straßen- und Brückenbauten, Viadukte, Aquädukte u. a. m. zeugen heute noch vom Geist der römischen Zeit.

Den Etruskern, von 800 v.Chr. bis Christi Geburt sesshaft in Etrurien (Mittel- und Westitalien), verdanken die Römer die technischen Konstruktionen ihrer Bauten. Die Griechen aber gaben Rom die künstlerischen Formen. Zu diesem Erbe kamen die Tüchtigkeit des römischen Volkes und sein gesunder Sinn für praktische Dinge, aber auch für das Soldatenhandwerk. Ovid (42 v.Chr. – 17 n.Chr.) drückte das so aus:

„Einst gab es raue Einfachheit,
ein goldnes Rom gibts heute:
Die Schätze der gesamten Welt
besitzt es nun als Beute."

In der Zeit der Völkerwanderung zerbrach Roms Macht und Größe. Um 390 n.Chr. teilte sich das römische Weltreich in ein Weströmisches und ein Oströmisches Reich. Die oströmische Hauptstadt Byzanz, das heutige Istanbul, taufte Konstantin der Große (306 – 337) in Konstantinopel um.

Die Frau

Während der **Zeit der Republik,** etwa von 500 bis 30 v.Chr., trug die Frau ihr langes Haar im Knoten, der von einem Wollnetz umschlossen wurde; später verstand man es, die Netze aus Menschenhaar zu fertigen. Schon in den Tagen der römischen Republik, aber besonders in der **Kaiserzeit,** ab etwa 30 v.Chr., kehrten zwei

Frauenfrisuren in Variationen häufig wieder:

1. der „Tituskopf“[1], eine kurzhaarige Lockenfrisur,
2. Flechtfrisuren, die wegen ihrer Vollendung heute kaum nachzuformen sind.

Die wechselnde Mode veranlasste Ovid zu schreiben:

„... wer zählet die Eicheln lieber oder die Bienen im Garten als alle Launen der Haartracht, die sich täglich verändert ...“

Blond wurde auch in dieser Epoche wieder Modefarbe, besonders seit der Begegnung römischer Legionäre mit den rot- oder weizenblonden Germanen. Die ersehnte Aufhellung sollten beizende Seifenpomaden aus Germanien oder Haarwäschen aus alkalischer Birkenasche und Meereswasser bringen, teils vermischt mit Eigelb und Kamillenblüte und Safran.

Die so behandelten Haare kämmte die Römerin wiederholt über den breiten Rand eines Strohhutes zum Bleichen und Trocknen an der Sonne. Überpuderter Goldstaub vollendete bisweilen die rötlich blonde Wirkung. Vielfach aber wurde der germanischen Sklavin ihr helles Haar abgeschnitten und in das Eigenhaar der römischen Herrin kunstvoll eingeflochten, oder die Beute diente zur Anfertigung von Perücken. Die vornehme Römerin verfügte über eine große Anzahl blonder oder durch Hennabrei rötlich gefärbter Perücken.

Haarnadeln aus Knochen oder edlen Hölzern, lange Gold-, Silber-, Bronze- oder Elfenbeinnadeln, kostbarer Haarschmuck, Hennafarbe und Brenneisen lagen in Frisierkommoden bereit. Geschickte Sklavinnen aus Ägypten formten Frisuren mit Flechtwerk, und griechische Sklavinnen führten Frisuren mit Wellen und Locken aus. Im Laufe der Zeit entstanden, so kombiniert, die kunstvollen römischen Frisuren.

Interessant ist auch, dass neben den **„Spiralwellen“** früherer Jahrhunderte wohl die ersten „Handwasserwellen“ in naturwelliges Haar gearbeitet wurden.

Frauen und Männer bekränzten ihr Haupt bei Festlichkeiten mit Gebinden aus Blumen, Lorbeer, Efeu oder Weinranken, je nach der Jahreszeit und dem Anlass.

Die verheiratete Römerin trug zu Beginn dieser Epoche über ihrer Frisur einen offenen Schleier, flammeum genannt. Mit zunehmendem Reichtum wuchsen allmählich die Bedürfnisse.

Perücken waren üblich und sehr natürlich gefertigt. So stellte man erst nach der Ermordung Kaiser Galbas fest, dass er kahl war. Nicht nur Perücken für den Tag und für den Abend wurden angefertigt, sondern manche Römerin beauftragte einen Bildhauer, ihre Porträtbüste mit abnehmbaren Frisuren zu versehen, damit sie immer modisch frisiert aussah.

Der Grieche Galenos (131–201 n.Chr.), eine medizinische Autorität, hat sich auch mit der Haarkosmetik beschäftigt und Mittel zur Färbung und Kräuselung genannt: Nussschalen für dunkle, Quittensaft für blonde und Henna für rötliche Nuancen; zur Haarformung soll ein Calamistrum dienen.

***Livia**, Frau des Kaisers Nero, 37–68 n. Chr.*

***Kaiserin Octavia**, Frisur mit natürlicher Wellung der betonten Seitenpartien, um Chr. Geburt*

***Julia**, Tochter des Kaisers Titus, 1. Jahrhundert n. Chr., mit „Tutulus“*

[1] Titus, römischer Kaiser, 39–81 n. Chr.

***Marc Aurel,** römischer Kaiser, 161 – 180 n. Chr, in zeitgemäßer modern wirkender Haar- und Barttracht*

***Nero,** 36 – 68 n. Chr., der grausame rothaarige Kaiser, bevorzugt wie die Römer der späten Kaiserzeit gepflegtes, gewelltes und gelocktes Haupt- und Barthaar*

***Gajus Julius Cäsar,** 100 – 44 v. Chr., mit typisch knapp gelockter Haartracht der Kaiserzeit und Lorbeerkranz des Herrschers*

***Eine Römerin** lässt sich von germanischen Sklavinnen frisieren, 240 n. Chr. (Rheinisches Landesmuseum Trier)*

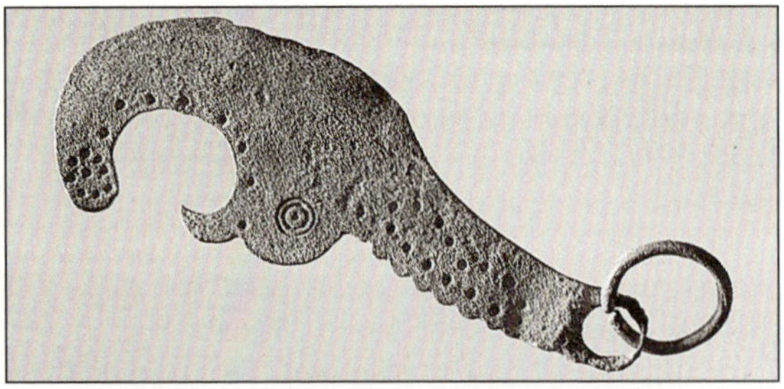

***Rasiermesser** aus Bronze und heißes Öl zum Einweichen der Barthaare benutzten schon die Ureinwohner Italiens, die Etrusker*

Der Mann

Der Römer der **Republik** trug einen Vollbart und volles Haar. In der **Kaiserzeit** ließ sich der vornehme Bürger beim tonsor[1] in seiner tonstrina (Rasierstube) mit eisernen Rasiermessern glatt rasieren; das niedere Volk behielt den Bart. Das Haar war soldatisch kurz geschnitten und scheitellos; einzelne leicht gelockte und gesalbte Strähnen fielen ins Gesicht. In spätrömischer Kaiserzeit bevorzugten viele Männer gekraustes und gelocktes Haar mit kurzem, gepflegtem Kinn- und Schnurrbart. Die Frisur des Römers war typisch vom Wirbel nach allen Seiten in flachen Locken frisiert.

Körperpflege

Viele Stunden des Tages verbrachten die wohlhabenden Römer mit der Körperpflege. Während der Grieche überwiegend Sport trieb, versuchte der Römer seine Körperform durch Schwitzbäder, Massagen und Salbungen zu erhalten. Diese Pflege beendete der epilator[2] durch das Auszupfen überflüssiger Körperhaare. Wohlhabende Römer und Römerinnen badeten in Ziegen- oder Eselsmilch. Vielfältig sind die Rezepte zur Gesichtspflege mit Kleie, Früchten, Wein u. Ä. m.

Schöne Salbgefäße und Parfümbehälter aus Elfenbein, Bergkristall oder Halbedelstein verschlossen die Händler luftdicht durch Bienenwachs und geschliffene Stöpsel. Puder, Schminke und Lippenstifte wurden in der Zeit der Republik sparsam, in der Kaiserzeit jedoch

[1] tonsor = Sklave, der die Haare und Nägel seines Herrn schnitt und pflegte; oft ein Grieche oder Ägypter.

[2] epilator; von epilieren = Zupfen der Haare, der ausführende Sklave = epilator.

reichlich benutzt. Auch die Männer haben sich zu festlichen Anlässen schminken lassen, besonders, wenn sie als siegreiche Feldherren und als Imperatoren in Rom einzogen.

Kleidung
Sie blieb zweiteilig wie bei den Griechen. Das Untergewand, die Tunika, war beim **Mann** aus Wolle gefertigt und kniekurz. Die knöchellange Tunika der **Frau** bestand aus Leinen.

Ein Obergewand, die Toga für den Mann, bestand zumeist aus weißer Wolle. Auf der Straße bedeckte ein Schleier die Haare und Schultern der Frau. Das Kriegsvolk trug kräftige Lederschuhe, Senatoren und Männer von Rang hatten leichteres Schuhwerk. Die Frauen liebten Sandalen mit Goldstickereien. Neu war der Beruf des vestarius, des „Nähers", der das Vernähen der Kleidungsstücke ausführte.

Bildnis eines Jünglings *um 140 – 170 n. Chr., mit gelocktem Haar*

Tituskopf

Calamistrum *mit Rohr und Heizstab, Vorläufer des Ondulierereisens*

Haarsträhne *um das Rohr gewickelt*

Erwärmter Heizstab *in das Rohr eingeschoben*

Aufgaben:
1. Blonde Haarfarben wurden bevorzugt. Wie erreichte a) die Griechin, b) die Römerin diese Farben?
2. Beschreiben Sie die Gesichts- und Körperpflege der vornehmen Römerin.
3. Über welche technischen Mittel verfügte die frisierende Sklavin in der Kaiserzeit?
4. Welche Frisuren unserer Zeit erinnern an griechische und römische Vorbilder?
5. Welche Haartracht mag Jesus getragen haben?
6. Geschichtsschreiber glauben, dass durch den Gebrauch von Bleiweißfarben die griechische und römische Führungsschicht ausstarb. Wie ist das zu erklären?

Filmtipps
- *Mervin LeRoy,* Quo Vadis, USA 1951
- *William Wyler,* Ben Hur, USA 1959

Sie: bis 30 v.Chr. Knotenfrisur mit Netz.
In der Kaiserzeit Lockenkopf oder geflochtene Frisuren mit einem Haarersatzteil; Perücken, die am Tage gewechselt wurden.
Eigenhaar oder Perücken oft in Blond oder Hennarot. Calamistrumwelle.
Er: gestutzter Vollbart, volle Frisur.
In der Kaiserzeit glatt rasiert, scheitelloses Kurzhaar, leicht gelockte Stirnsträhnen.
In spätrömischer Kaiserzeit kurze Kinnbarttracht und Lockenfrisur.

Germanen *etwa 1600 v. Chr. – 800 n. Chr.*

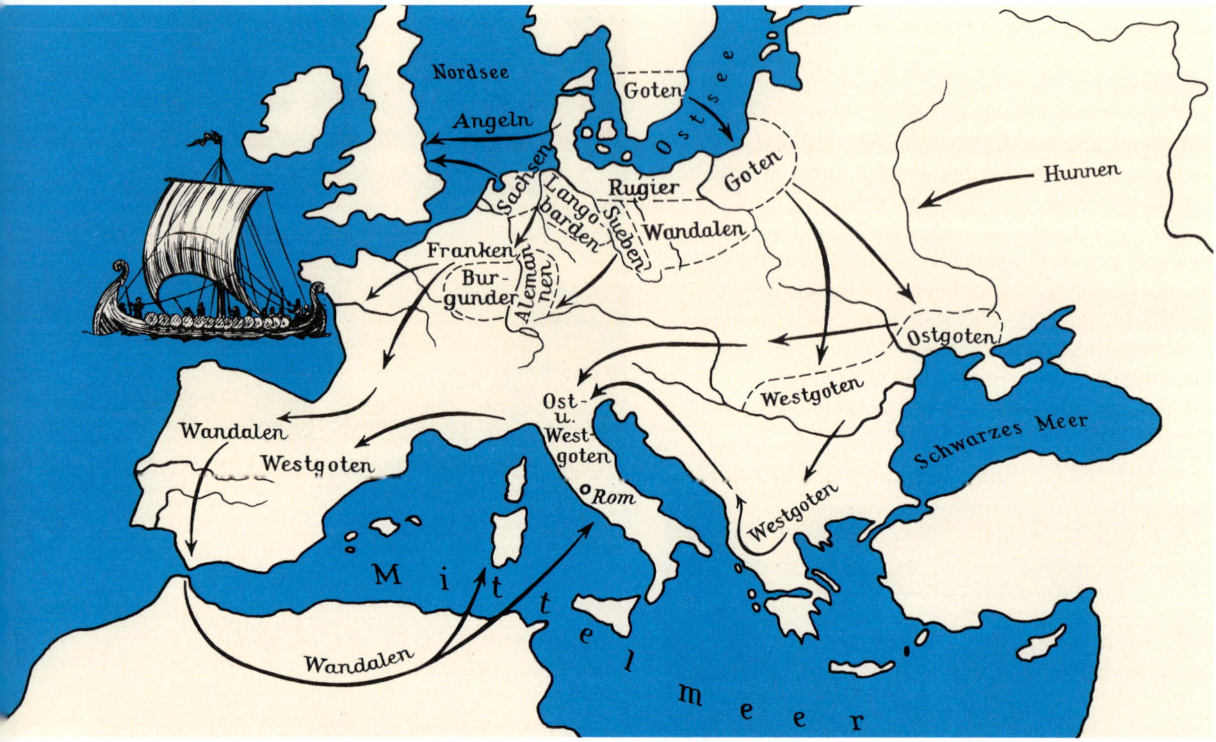

***Lebensraum germanischer Stämme** und Wege ihrer Wanderungen seit der Zeit des Hunneneinbruchs um 375 n. Chr.*

***Zierscheibe** aus Bronze und vergoldetem Silberblech, um 200 n. Chr.*

***Germanen der Bronzezeit,** 1600 – 800 v. Chr. Blondes oder rötliches Haar ist im Nacken zusammengebunden und in einem Wollnetz gehalten. Eine Woll- oder Lederkappe bedeckt das halblange Haar des Mannes*

Eine einheitliche, in sich geschlossene Kultur war schon seit dem 2. Jahrtausend v.Chr. im Norden Europas heimisch. Die Kunst der Urgermanen war an das ihnen zur Verfügung stehende Material gebunden. In Stein und Knochen geritzte geometrische Ornamente wurden in großer Zahl entdeckt. Mit der Bronze gab es mehr Möglichkeiten, sich künstlerisch zu entfalten. Vielgestaltig sind die Schmuckformen der Bronzezeit. Vorherrschend war das Kreismotiv, ein Abbild der Sonnenscheibe. Man fand kreisförmigen Schmuck auf Geräten, Waffen, Gürtelplatten und Gewandschließen (s. S. 16).

Schriftliche Aufzeichnungen haben uns die Germanen der Frühzeit nicht hinterlassen. Erst um 100 v.Chr. entwickelten sie eine sog. Runenschrift:

Durch den römischen Schriftsteller Tacitus, 50–116 n.Chr., haben wir genauere Kenntnisse über unsere Vorfahren erhalten.
Wertvolle Ergänzungen sind die Reliefs auf verschiedenen Siegessäulen, z. B. in Rom die Trajan-, Markus- und Antoniussäule, sowie gut erhaltene Gräberfunde mit Baumsärgen in Jütland, Schleswig-Holstein und der Lüneburger Heide.

Gerühmt wurden die Sauberkeit, Treue und der Kampfesmut der Germanen. Sie stellten schon Seife aus Wollfett und Holzasche her.

Langes Haar galt als Zeichen der Freiheit; Sklaven und unehrenhaften Menschen wurde der Kopf kahl geschoren. Das war auch üblich bei Kriegsgefangenen, denen man so „die Ehre abschnitt". Den Göttern opferten Germaninnen ihr langes Haar unter religiösen Riten.
Die Haarschur der Nonnen und die Tonsur der Mönche dürften noch ein Überbleibsel dieser heiligen Handlung sein.

Seit der germanischen Völkerwanderung befehligten germanische Heerführer römische Legionen. So vermischten sich allmählich germanische Sitten und Gebräuche mit romanischem Kulturgut. Diese Begegnung germanischer Völker mit den antiken Kulturen bildeten die Anfänge der romanischen Kunst.

***Frisier- und Einsteckkamm** aus Bronze mit zwei Drachenköpfen, 2. Jahrtausend v. Chr., Jütland*

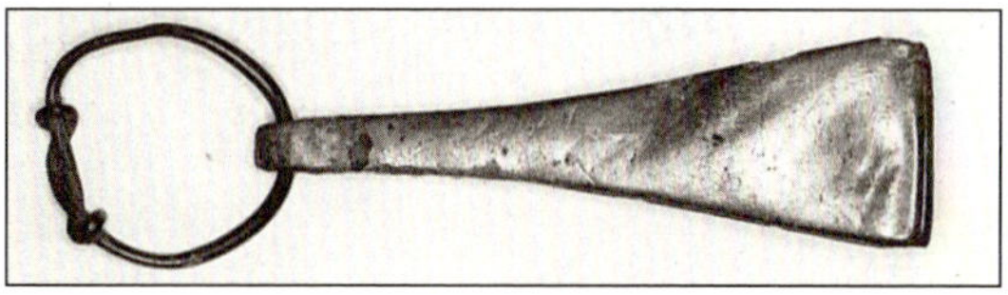

***Haarpinzette,** Bronze, 7. Jh. n. Chr., Fundort: Gustavsburg, Kr. Groß Gerau*

***Germanin,** lose fallende Haare mit Mittelscheitel, um 1000 v. Chr.*

Die Frau
Sie scheitelte ihr langes weizenblondes oder rötliches Haar in der Mitte und ließ es lose herabfallen oder hielt es, besonders in der Bronzezeit, aufgesteckt in einem kunstvoll geflochtenen Wollnetz in Höhe des Nackens zusammen. Auch Zöpfe, die über die Brust herabfielen, waren beliebt. Geschmackvoll verzierte Einsteckkämme vervollständigten die schlichten Frisuren, die zumeist von einem größeren Tuch verdeckt waren. Zur täglichen

Pflege gehörten reich verzierte, zusammenklappbare Kämme und Stielkämme aus Holz oder Bronze sowie Pinzetten zum Entfernen lästiger Haare. Um eine gerade und schmale Scheitellinie zu erzielen, verwendeten die Germanen einen so genannten Scheitelnagel, ein Gerät aus Holz oder Bronze, das ohne Zinken etwa unserem Stielkamm entsprach.
Ein Band oder Metallreifen diente dazu, das gescheitelte Haar festzuhalten.

Zum Bleichen der Haare sollen dunkelhaarige Frauen eine seifenartige Beize aus geronnener Milch und Kalklauge verwendet haben.

***Westgermanischer Alemanne** der Eisenzeit in rötlichem, zum „Pferdeschwanz" hochgebundenem Haarschmuck mit gepflegtem Vollbart, um Chr. Geburt*

***Germanischer Heerführer,** um 150 n. Chr., römisch beeinflusst*

***Germane mit Stammesfrisur** der Sweben (nach einem Relief an der Trajansäule), um 200 n. Chr.*

Der Mann
Er war in der germanischen **Bronzezeit,** um 1600 – 800 v.Chr., zumeist glatt rasiert.

In der Eisenzeit, ab etwa 800 v.Chr., wurde für eine längere Zeit der Vollbart „modern". Das Kopfhaar ließ der Germane häufig lose oder abgebunden nach hinten herabhängen. Einige germanische Stämme hatten geradezu ihre Stammesfrisur. Die ostgermanischen Bastarnen, nördlich vom Schwarzen Meer, flochten ihr Haar in mehrere Zöpfe zur rechten Kopfseite herüber, vielleicht als Polster gegen Waffenhiebe gedacht. Die Kimbern färbten sich vor der Schlacht die Haare mit einer seifenartigen Paste aus Holzasche und tierischem Fett rot und versuchten damit, den Römern Furcht und Schrecken einzujagen.

Körperpflege
Das Baden im Meerwasser oder in den Flüssen muss ebenso beliebt gewesen sein wie das warme Vollbad in den kleinen Badehütten am Rande der Siedlungen. Mit Seife wurde die Haut gereinigt und mit Lanolin gepflegt. Farbige kosmetische Mittel scheinen den verschiedenen germanischen Stämmen bis zur Berührung mit den Römern, etwa 100 v.Chr., unbekannt gewesen zu sein. Doch Ohrlöffel und Geräte zur Nagelpflege und Pinzetten zum Zupfen von Haaren sind wiederholt gefunden worden.

Kleidung
Die **Frau** trug einen Wollrock, eine Ärmeljacke (Bluse), Gürtel und Mantel. Eine große Brosche aus Bronze, Fibel genannt, schloss und zierte zugleich die Jacke oder den Gürtel.
Die Bundschuhe waren aus einem Stück Leder gearbeitet. In Baumsärgen aus Eichenstämmen, die erst nach ca.3000 Jahren geöffnet wurden, hat man kunstvoll geknüpfte Haarnetze der Germaninnen gefunden.

Der **Mann** trug einen wollenen Kittelschurz, der von der Achselhöhle bis zum Knie reichte. Ein Lederriemen über einer Schulter und ein Doppelknopf aus Bronze hielten den Schurz. Der Knopf wurde übrigens von den Germanen eingeführt. Vor dem rauen nordischen Klima schützten den Mann eine Lederkappe, ein Wollkittel, ein lose umgelegter Wollmantel und seine wollenen Beinbinden, die in der Eisenzeit durch lange Hosen ersetzt wurden.

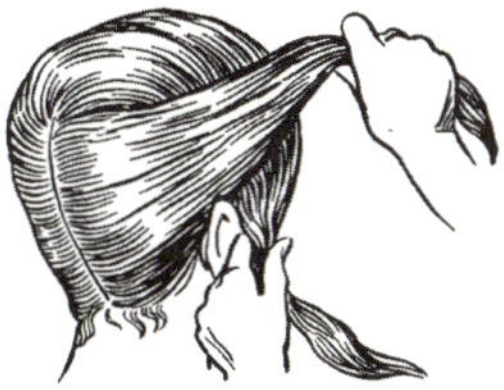

Hinten gescheitelt, die linke Seite über die Stirn nach rechts frisiert

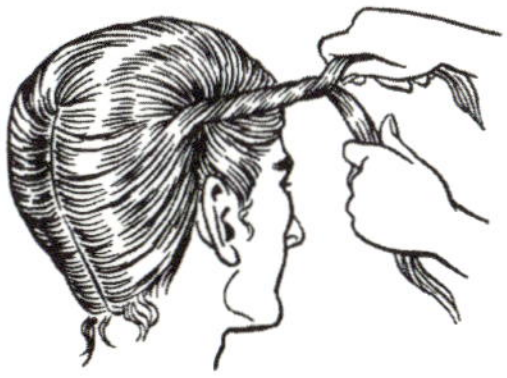

Durch Rechtsdrall bildet sich aus den beiden Teilen ein Dreher

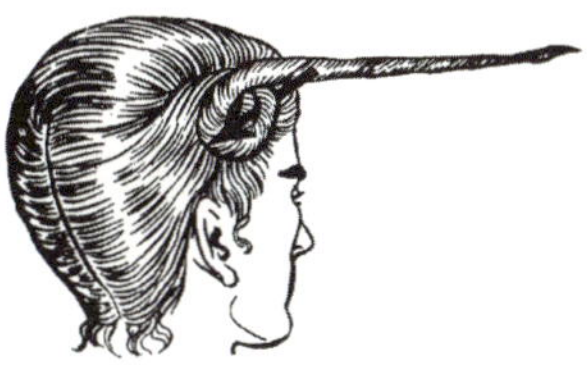

Der Dreher wird durch eine sich bildende Haarschlaufe gesteckt

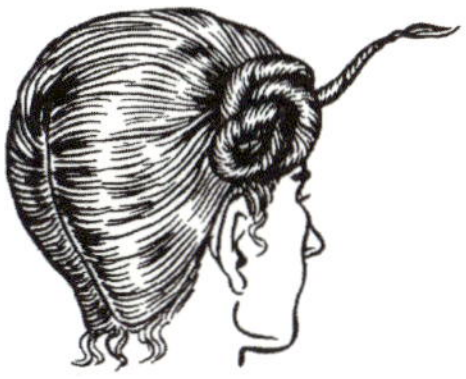

Das Dreherende bleibt zurück und wird unter dem Knoten befestigt

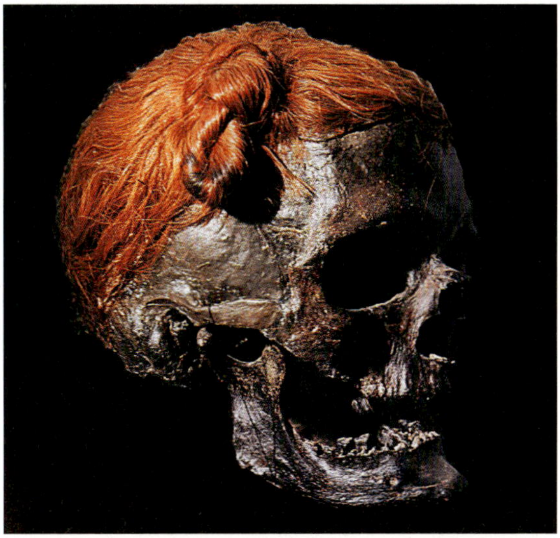

Swebenknoten einer Moorleiche im Landesmuseum Schleswig. *Diesen Schädel eines westgermanischen Sweben versenkte man um Christi Geburt in einem Lederumhang im Moor bei Osterby (Kreis Eckernförde). Als er 1948 gefunden wurde, hatten die milden Moorsäuren sein rotblondes Haar gut erhalten und die Schädelknochen noch nicht angegriffen*

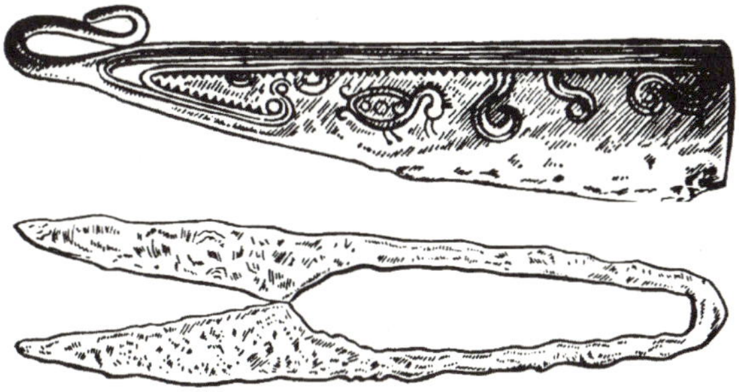

Rasiermesser und Haarschneideschere *der Bronzezeit aus dem Norden Europas, 4. Jh. n. Chr.*

Kleidungsstücke *aus dem Thorsberger Moor*

Aufgaben:

1. Welche Quellen geben uns Auskunft über die äußere Erscheinung und die Lebensweise unserer germanischen Vorfahren?
2. Beschreiben Sie einige Stammesfrisuren und fertigen Sie Skizzen dazu an.
3. Das nordische Klima verlangte von den Germanen einen verstärkten Kälteschutz. Wodurch wurde er erreicht?
4. Lassen Sie sich das Gedicht „Das Grab am Busento“ von August Graf v. Platen vortragen.
5. Zeichnen Sie eine Europakarte und tragen Sie die Wohngebiete einiger germanischer Stämme ein.
6. Was unterscheidet die Körperpflege der Germanen von der Körperpflege der Römer?

Filmtipp

- *Uli Ebel,* Die Niebelungen, D 2004

Sie: langes blondes und rotblondes Haar, lose oder geflochten, in der Mitte gescheitelt, auch mit einem Wollnetz im Nacken zusammengenommen.
Er: loses Haar bis auf die Schultern oder besondere Stammesfrisuren. In der Bronzezeit meist glatt rasiert. In der Eisenzeit ab 800 v.Chr. sorgsam gepflegter Vollbart.

Romanik *etwa 900 – 1250*

***Die Benediktiner-Abteikirche Maria Laach,** 1156 geweiht, zeugt standhaft und wuchtig von festem Gottvertrauen. Romanische (von römisch) Rundbogen und Rundfenster ergeben nur ein gedämpftes Licht, das zur Besinnung einlädt*

In den politischen Wirren des frühen Mittelalters wurde bis um 800 diesseits derAlpen wenig gebaut. Erst mit Karl dem Großen entstand eine bedeutende Architektur. Das Aachener Münster, 769 begonnen und 805 geweiht, ist auch heute noch ein Symbol christlichen Glaubens und kaiserlicher Macht.

Der Kunststil des frühen Mittelalters von etwa 500 – 900 entwickelte sich am Ende der Völkerwanderung, zuerst in den geordneten politischen und wirtschaftlichen Verhältnissen im Frankenreich unter Karl dem Großen. Besonders ist der Stil unter den nachfolgenden Kaisern im hohen Mittelalter (Romanik) gepflegt worden. Aus religiöser Frömmigkeit schufen namenlos gebliebene Meister ihre Werke. Motive entnahmen sie aus der biblischen Geschichte. Viele geistliche

***„Die Heilige Familie“,** 12. Jahrhundert, Freskenmalerei in St. Martin, Zillis, Schweiz. Wie hier Maria, so verdeckt die verheiratete Frau ihr langes Haar unter Schleiern und Tüchern. Joseph mit Schnurrbart und Vollbart trägt sein halblanges Haupthaar merkwürdig gescheitelt und gelockt. Die Kunstwerke der Romanik zeigen uns allgemein Menschen in langen, wallenden Gewändern, die aus einem hemdartigen fußlangen Untergewand und einem weiten, mantelförmigen Obergewand bestehen. Das ist auch in der Abbildung von der Heiligen Familie zu erkennen.*

und weltliche Bewegungen und Strömungen gaben diesen Jahren zwischen der Antike und der Neuzeit das Gepräge. Dazu zählten die Völkerwanderung, das Rittertum und die Kreuzzüge. Den Städtegründungen und der Entwicklung der Handwerke mit ihren Zünften folgten die Machtkämpfe zwischen Kaisern und Päpsten. Daneben richtete der Aberglaube unheilvolle Verwirrungen an.

Kulturelle Zentren waren neben den Höfen und wehrhaften Burgen des Adels die Kirchen und Klöster. Durch die Kreuzzüge der Ritterschaft vom 11. Jahrhundert ab gelangte die antike Kultur nach Westeuropa an spanische, italienische, fränkische und deutsche Fürstenhöfe. Auch die Haarmode wurde dadurch beeinflusst.

***Gewändefiguren** um 1150. Nach einem Relief an der Kathedrale von Chartres*

Die Frau

Sie scheitelte das Haar in der Mitte, und ihre langen Zöpfe fielen nach vorn oder über den Rücken. Junge Mädchen trugen ihr Haar gerne offen.

Als Schmuck diente ein Haarband, ein Stirnreif oder ein Kranz aus frischen Blumen, später (im gotischen Mittelalter) Schapel genannt.

Die höfischen „Frouwen“ schmückten das lange gewellte, lose Haar außerdem mit einem ziselierten Goldreif. Die Schläfenhaare wurden vielfach mit einem Brenneisen gekräuselt. Ein duftiger Schleier bedeckte bisweilen die Frisur.

Gegen Ende des 11. Jahrhunderts flochten sich viele Burgdamen zwei dicke Zöpfe, die mit Bändern oder Goldfäden kunstvoll durchzogen waren. Nur allmählich konnte sich die kirchliche Vorschrift durchsetzen, die von den Frauen und Mädchen das Verdecken der Haare durch Tücher oder Schleier verlangte. Das Zeigen der Haare galt nunmehr als unzüchtig, ja sündhaft. Unter diesem Zwang verdeckten ab 1170 Tücher, Schleier oder das „Gebende“1 völlig den Haarschopf. Hervorquellende Schläfenhaare wurden abrasiert, ja sogar das ganze Haupthaar fiel gelegentlich der Schere oder dem Messer zum Opfer.

Das kurz geschnittene und leicht gelockte Haar der Kinder blieb unbedeckt.

Der Mann

Er schätzte seit **Karl dem Großen** kurzes Haar und in der Regel ein bartloses Gesicht. Bauern, Bürger und Handwerker blieben dieser Tracht auch lange Zeit treu.

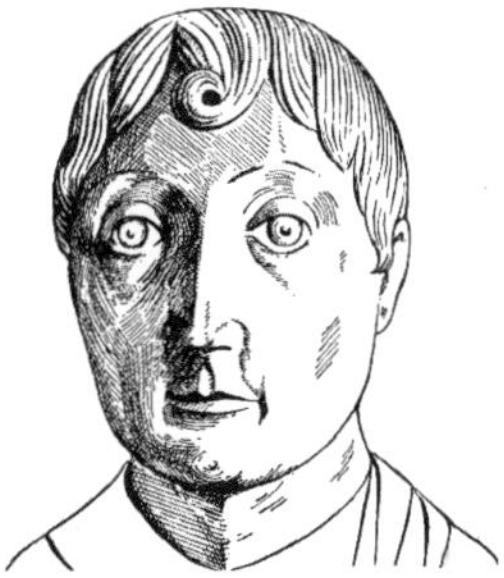

***Engel der Auferstehung,** um 1170. Nach einer Holzplastik am Niederrhein. Ähnliche Frisuren sind auch für Kinder üblich*

***Uta von Ballenstedt** mit Gebende, um 1260 in gotischer Art, im Naumburger Dom aufgestellt*

Mit dem 11. Jahrhundert wurde die weltaufgeschlossene **Ritterschaft** tonangebend in der männlichen Mode. An keine kirchlichen Vorschriften gebunden, pflegten sie mit großer Sorgfalt ihr langes oder halblanges Haupthaar, das oft die Form eines Pagenkopfes hatte. Beliebt war das mit einem „Kruesoleysen“ gekräuselte rötlich blonde Haar. Die nach französischem Vorbild geformte Frisur Ottos I. war in Deutschland den Königen vorbehalten. Pagen, Knappen, aber auch Bürger und Zunftmeister z. B. trugen eine kürzer geschnittene Pagenfrisur. Mönche und andere Geistliche ließen ihr Haar kurz scheren; ihre Tonsur galt als Zeichen christlicher Demut. Während die Ritter und ihre

[1] Gebende oder Gebände (von binden), eine Kopfbinde zur mittelalterlichen Frauentracht

Edelknaben stets bartlos erschienen, pflegten die Kaiser, Geistlichen und viele Bürger gelegentlich einen kürzeren oder längeren spitz oder rund gestutzten Kinnbart mit Schnurrbart.

Die ländliche Bevölkerung trug das Haar in Schnitt und Frisur ähnlich wie ihre Landesherren, jedoch wesentlich einfacher. In dörflichen Gemeinschaften fanden sich Spezialisten, die das Haar des Mannes mithilfe eines übergestülpten Topfes in Form schnitten.

Körperpflege

Die Kreuzritter lernten im Orient die Wohltaten des Warmbades kennen und wollten nach der Rückkehr in ihre Heimat nicht mehr darauf verzichten. Diesem Wunsch und Bedürfnis kamen bald viele öffentliche Badestuben in Stadt und Land entgegen. Bis dahin war das warme Bad nach kirchlicher Vorschrift nur für Kinder erlaubt.

***Verkündigung an die Hirten**, um 1140. Hirte in bäuerlicher Haartracht*

***Friedrich I. Barbarossa**, um 1160. Frisur und Barttracht nach antiken und vorderasiatischen Einflüssen geformt*

***Otto I., der Große**, 912 – 973 (1260 in gotischer Form nachgebildet)*

Der **Bader** bereitete zwei- bis dreimal in der Woche heißes Wasser. Seine Lehrbuben zogen dann durch die engen Straßen und Gassen des Ortes, schlugen kräftig auf das metallene Becken und luden zum öffentlichen Bade ein. Männer und Frauen seiften sich alsbald in hölzernen Bottichen ab, schwitzten, schwatzten und lachten miteinander. Einige Bademägde massierten und pflegten Haare oder Nägel. Schankmädchen ließen keine Langeweile aufkommen und reichten bei den Klängen fahrender Musikanten Speisen und Getränke. Der Bademeister verstand sich neben Barbieren, Haarschneiden und Haararbeiten auch auf Aderlass, Wundpflege, Zahnziehen und kleine Chirurgie. Die Ausbildung wurde von den Zünften, den Zusammenschlüssen von Handwerkern einer Fachrichtung, überwacht.

Die wissenschaftlich gebildeten Ärzte hielten es für unter ihrer Würde, blutige Eingriffe vorzunehmen. Aus dem Grunde übernahmen die Bader und später auch die Barbiere chirurgische Behandlungen. Erst 1779 wurde eine von Kaiser Josef II. gegründete Chirurgenschule für Bader und Barbiere in Wien aufgelöst. Unter den Zahnärzten gab es noch bis 1960 Veteranen, die aus dem Friseurhandwerk hervorgegangen waren. Sie nannten sich Dentisten und verstanden sich oftmals auf die Herstellung von Zahnersatz und die Zahnbehandlung.

Kleidung

Entsprechend der tiefen Religiosität der Menschen war die Kleidung bei Frauen und Männern schlicht und lang; Hemd, Unterkleid und Oberkleid mit weiten Hängeärmeln verdeckten die Körperformen.

Ein Schultermantel, Kopftuch oder Schleier und Handschuhe ergänzten die Bekleidung.

Der ritterliche Sinn der führenden Geschlechter und der Hang zu Würde und heldischem Menschentum kommen in der unaufdringlichen und dennoch adeligen Form der großzügigen Kleidung zum Ausdruck. Die Bewegungen des Körpers lassen unter dem wallenden Stoff die ritterliche Gestalt nur ahnen. Das kommt gut in den Plastiken der großen romanischen Dome zum Ausdruck.

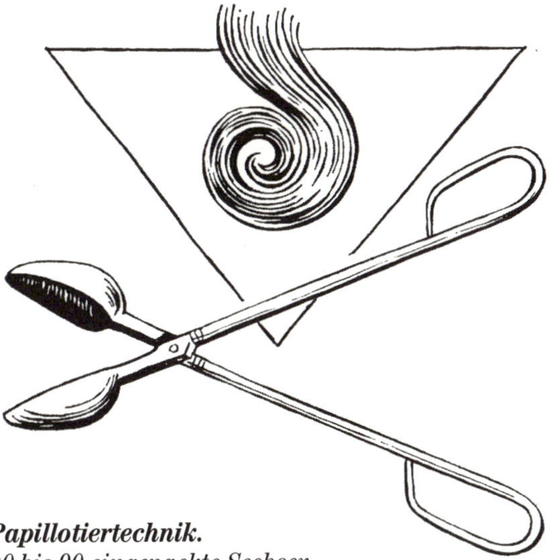

Papillotiertechnik.
40 bis 90 eingepackte Sechserlocken (Papilloten) waren nötig, um eine gewellte und gelockte Frisur zu formen. Mit dem (ab 18. Jahrhundert gebräuchlichen) erwärmten Papilloteneisen arbeiten auch heute noch Maskenbildner

Verkündigungsengel
um 1235 in sorgfältig gearbeiteter Papillotenfrisur, Bamberger Dom, Baubeginn 13. Jahrhundert

Auch Briefmarken
zeigen Symbole des Friseurhandwerks

Filmtipp

- **John Irving,** Robin Hood, GB, USA 1991

Sie: als unverheiratetes bürgerliches **Fräulein** loses Haar; als **Ehefrau** Zöpfe. Die Burgdamen bis etwa 1080 loses, gewelltes Haar, gekräuselte Schläfenhaare, Schleier, Schapel, Goldreif. **Etwa 1080 bis 1170** zwei dicke Zöpfe. Von da ab verdeckten Schapel, Gebende und evtl. ein Kinnband das Haupthaar. Nach kirchlicher Vorschrift ab **Mitte des 12. Jahrhunderts** das Haar durch Tücher oder Schleier verdeckt.
Er: Bürger, Pagen und Knappen kurzer Pagenkopf; **die Edlen** papillotiertes längeres Kopfhaar, leicht gewellt oder gelockt, als Pagenkopf geschnitten, teils von einem Schapel gekrönt. Ein spitz oder rund geformter Kinnbart, bei Kaisern, Richtern und vielen Bürgern beliebt.

Aufgaben:
1. Warum verstecken Frauen ihr Haar unter Hauben und Tüchern?
2. Lesen Sie im 1. Korintherbrief 11 Vers 4–15.
3. Lesen Sie Gedichte von Walther von der Vogelweide.
4. Warum sieht man Messingbecken, z. T. verchromt, an Friseursalons?
5. Woher kommt die Redensart, jemand habe seine Tochter „unter die Haube" gebracht?
6. Welcher deutsche Kaiser hat seinen Namen nach der Farbe seines Bartes erhalten?

Gotik *etwa 1250 – 1450*

Die Kathedrale von Notre-Dame, *Baubeginn 1211, ragt mit schlanken Formen hinauf in den Himmel „zur Ehre Gottes“. Auch die Profanbauten haben Spitzbögen, hohe Fenster und fein gegliederte Säulen*

Dieser durch den Orient beeinflusste Stil breitete sich von Nordfrankreich über Europa aus. Kennzeichnend war die religiöse Haltung der Menschen, ihre Sehnsucht nach Gottesnähe, die ihren greifbaren Ausdruck in den hoch aufstrebenden Dombauten fand.

Durch die Machtkämpfe zwischen Kaisern und Päpsten und durch die Kreuzzüge hatte das Kaisertum viel von seiner Kraft und seinem Reichtum verloren. Das erstarkende Bürgertum und die Reichsstädte wurden allmählich die Träger der Kultur. So ließen wohlhabende städtische Auftraggeber herrliche Profanbauten[1] errichten, z. B. die Rathäuser von Braunschweig, Brügge, Münster und das in norddeutscher Backsteingotik erbaute Bürgerhaus in Lüneburg.

Mit der Gotik schwand der römische Einfluss. Die Neuschöpfung war frei von antikem Einfluss. Spitze Formen finden wir in Bauten, Kleidungsstücken und Kopfhauben.

Die Frau

Bildnisse lassen noch locker geflochtene Zöpfe und als Kopfputz ein Schapel erkennen. Zum Ende des 13. Jahrhunderts trug man verschiedene Zopffrisuren, meistens ohne Schleier. Aus Flandern sollen 1325 die kleidsamen zuckerhutförmigen Hennins eingeführt worden sein, die eine Höhe bis zu 70 cm erreichten. Ab 1380 sehen wir Hörnerhauben, die z. T. reich verziert waren. Hierbei wurde bisweilen das Haar seitlich zu zwei festen Zöpfen geflochten, mit feinem Stoff bedeckt und in Form von zwei Hörnern festgesteckt. Metallreifen sollen die

Grabmal eines Ehepaares in Frankfurt
Er: *mit gepflegter Frisur der Jünger Christi und passendem Bart. Sein Rock, von einer Heuke überdeckt, lässt die spitzen Schuhe frei*
Sie: *unter der Kruseler, einer haarähnlichen Kopfbedeckung, bekleidet mit einem Nuschenmantel, die Füße in spitzen Schuhen*

Ritter und edle Damen, *um 1250, schmücken ihr Haar mit dem Schapel, einem verzierten Stirnband oder einem Blumenkranz*

Handwerksgeselle, *um 1450. Nach einer Holzplastik aus dem Nationalmuseum, München. Frisur stumpf geschnitten, von der Stirn seitlich zum Nacken gestuft*

Kaiser Maximilian, *1459 – 1519, und Braut Maria von Burgund lassen die Vorliebe der späten Gotik für schlanke Formen auch in der Kleidung und der fraulichen Spitzhaube, Hennin, erkennen. Dazu kontrastiert die eigenwillige Kopfbedeckung Maximilians*

[1] profan = weltlich, unheilig

Hauben orientalischen Urprungs. *Bizarre Kopfbedeckungen, im reichen Burgund weiterentwickelt. Links Hörnerhaube, rechts Hennin (Spitzhaube), 14. Jh.*

Das Bad im Garten *erfreut einen Minnesänger als Gast auf einer Burg*

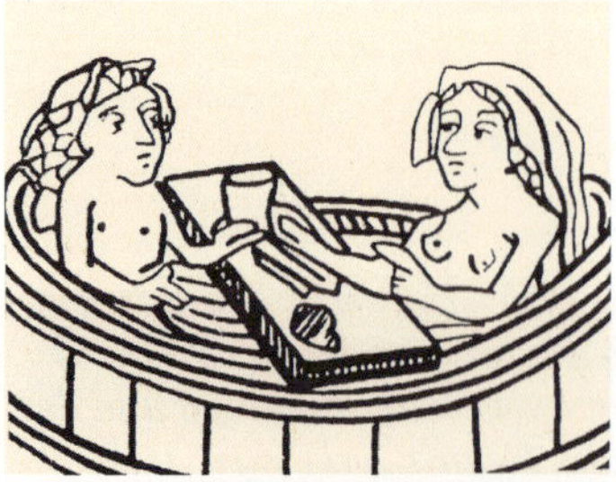

Ehepaar in der hölzernen Badewanne *einer öffentlichen Badestube bei Speis und Trank*

Haut der Stirn und Schläfen straff nach hinten gezogen haben. Hervorquellendes Stirn- oder Schläfenhaar rasierte man. Eine hohe, gewölbte, weiße Stirn galt als besonders schön. Schwarzes oder blondes Haar war in der Gotik beliebt und wurde bei Bedarf durch Färben mit Metallfarben oder Bleichen erreicht. Rotes Haar war als Farbe des Verräters Judas oder einer mit dem Teufel verbundenen Hexe verrufen.

Der Mann

Der Page und der Edelmann hatten lange oder halblange, meist gewellte oder gelockte Frisuren wie die Herrin oder Angebetete. Im 12. bis 14. Jahrhundert trugen viele wohlhabende Bürger sogar Zöpfe.

Die Männer waren glatt rasiert; nur selten findet sich ein Kinn- oder Schnurrbart.

Körperpflege

Das öffentliche Bad in den Holzzubern der Badehäuser entartete mit steigendem Reichtum und Wohlleben, und die derb-fröhlichen Badefreuden glitten ab in ein unsittlich lasterhaftes Treiben. **Badestuben** gerieten als Stätten des Klatsches und der Laster in Verruf. Es fehlte nicht an Geboten und Verboten der hohen Obrigkeit und der Kirche; aber den Auswüchsen wurde damit kaum Einhalt geboten. So galten die Bader bis weit in das 16. Jahrhundert als unehrenhaft.

Neu eröffnete **Barbierstuben** kamen dem Wunsch vieler Bürger entgegen, sich ohne Bad bedienen zu lassen. Die Barbiere formten Haare und Bärte, rasierten, stellten Perücken her, behandelten Wunden und hielten sich für ehrenhafter als die Bader. Beide Berufsgruppen spezialisierten sich auf Zahnbrechen und chirurgische Eingriffe, die von Ärzten bis ca. 1700 als für sie unwürdig abgelehnt wurden.

Kleidung

Die faltenreichen, farbigen Gewänder der **Frauen** blieben zumeist geschlossen, wurden aber am Oberkörper mehr auf die schlanke Körperform zugeschnitten. Sie zeigten gelegentlich bloße Arme und sogar Hals- und Rückenausschnitte.

Die vielfarbigen Beinkleider der **Männer** saßen oft recht knapp. Spitze Schnabelschuhe, ein geknöpfter Leibrock und farbige Strumpfhosen ergänzten die Tracht. Beliebte knapp sitzende Kappen kontrastierten mit den Hauben der Frauen.

Frisur unter burgundischer Mütze, *um 1450. Langes, leicht gewelltes Haar, seitlich schräg geschnitten, wird gern von jüngeren Leuten getragen*

Junge Frau *mit rasierten Stirn- und Schläfenhaaren. Die eng anliegende Haube strafft die Stirn, um 1450*

Kopf eines Apostels *von Tilman Riemenschneider, um 1490–1531. Langes, natürlich gelocktes Haar ist typisch für die gotische Zeit*

Öffentliche Badestube *der höfischen Zeit. Bei Musik, Wein und Würfelspiel arten die Badefreuden oftmals aus. Bis zum Augsburger Reichstag 1548 gilt der Bader und Balbierer weithin als „unehrlich" (nicht voll anerkannt). Hochzeitsgesellschaften badeten unter dem Vorsitz der Braut und des Bräutigams gemeinsam*

Aufgaben:

1. Welche besondere Bedeutung kam der Haarfarbe Rot zu?
2. Beschreiben Sie einige typische Merkmale romanischer und gotischer Bauten.
3. Mit welchen Mitteln versuchte die Edelfrau, ihre Schönheit zu unterstreichen?
4. Warum gab es in der Gotik neben dem Bader noch den Barbier?
5. Schildern Sie die Tätigkeit der Bader und der Barbiere.

Filmtipps • *Jean-Jacques Annaud,* Der Name der Rose, F, ITA, D 1986 • *Luc Besson,* Jeanne d'Arc, FR, 2000

Sie: gewelltes oder gelocktes Haar bis zu den Schultern oder Zöpfe. Spitze Hennins und Hauben verdeckten oft ihr Haar. Stirn- und Schläfenhaare wurden rasiert. Beliebte Haarfarben: Schwarz und Blond; rote Haare waren verpönt.
Er: langes oder halblanges gelocktes Haar. Überwiegend glatt rasiert.

Renaissance etwa 1450 – 1600

***Das Rathaus in Bremen,** ursprünglich ein gotischer Bau, erhielt ab 1608 eine prachtvolle Fassade im Stil der Renaissance. Betonte waagerechte Linien, Rahmung der Fenster durch Pilaster (Wandpfeiler) und der Abschluss durch giebel- oder bogenförmige Verzierungen sind kennzeichnend. Unter Renaissance versteht man die „Wiedergeburt" der Antike, die klassische Kunst und geistige Welt der Griechen und Römer. Es wird unterschieden zwischen Früh-, Hoch- und Spätrenaissance*

***Vornehmer Edelmann** der Hochrenaissance mit wallenden, gekrausten und blondierten Haaren in üppig breiter Kleidung. Interessant sind die unterschiedlich gestalteten Strümpfe*

***Ratsherr Steiniger,** Braunau/Inn, in spanischer Tracht mit berühmtem überlangen Bart*

***Der Bauer und seine Frau.** Albrecht Dürer, um 1495 – 1500. Sie mit Flechtfrisur ihrer Zeit im weiten Gewand, er mit halblangem Haar in leicht gebauschtem Kittel mit gebundenen Hosenbeinen*

Gegen Ende des 14. Jahrhunderts begann zunächst in Italiens Stadtstaaten eine „Wiedergeburt“ der Antike. Griechische und römische Kultur diente als Vorbild für den Anbruch der neuen Zeit. Man streifte die Fesseln kirchlichen Jenseitsglaubens ab und erfreute sich am schönen, heiteren Diesseits, einer farbenfrohen Welt mit vielerlei Kostbarkeiten. Das wurde erleichtert durch einen schwunghaften Handel, mit aufblühender Industrie, begünstigt durch kunstfreudige Fürsten und Päpste sowie mancherlei Erfindungen, z. B. den Buchdruck um 1440 und die Entdeckung Amerikas 1492.[1]

Die Reformation unter Martin Luther und der Humanismus[2] durch Erasmus von Rotterdam führten zum geistigen Übergang vom Mittelalter zur Neuzeit.

Der sinnenfrohe Renaissancemensch widmete seinem Putz und Schmuck sowie der wieder entdeckten Frisierkunst viel Zeit. Er pflegte aber auch die Tugenden des Geistes. Ulrich von Hutten schwärmt: Weil Künste und Wissenschaft blühen, ist es eine Lust zu leben.

Der Handwerksmeister wurde zum Künstler, der sich selbstbewusst vor sein Werk stellte. In der Malerei steht der Mensch im Mittelpunkt.

Die Entdeckung des Individuums war auch an eigentümlichen Frisuren zu erkennen.

Die Frau

Zwei Grundformen kehrten bei den Frisuren immer wieder: der griechische Mittelscheitel mit Haarknoten und die römische Flechtfrisur.

In der **Frührenaissance** (bis etwa 1500) blieben kleine Schmuckhauben und zarte Schleier als Überbleibsel mittelalterlicher Kopfbedeckungen. Die Stirnhaare und die Augenbrauen wurden rasiert. Den Scheitel bedeckten wohlhabende Frauen mit echten Perlenschnüren. Zöpfe und Seitenpartien der Frisur waren geschmückt mit kleineren Perlen und wertvollen Goldschmiedearbeiten. Ein golddurchwirktes Netz hielt bisweilen den Haarknoten. Stirn- und Seitenhaare krausten und puderten sich die vornehmen Damen. Weil die Frisuren sehr viel Haar erforderten, ließen sich die Damen Zopfteile und Toupets einfrisieren oder trugen Perücken. Da echtes Haar kostbar war, mussten die Teile oft aus Flachs hergestellt und in der gewünschten Farbe gepudert werden.

[1] Die Entdeckung Amerikas durch Kolumbus wird als Anbruch der Neuzeit angegeben.

[2] Humanismus = Der Mensch entdeckt sich als freies, mit Vernunft begabtes Wesen.

***Giovanna Tornabuoni,** 1449–1494, von Ghirlandajo, kontrastreich frisiert*

***Simonetta Vespucci** von Pollaiudo, 15. Jh. Eine hohe, gewölbte Stirn ist das Schönheitsideal dieser Zeit mit griechisch-römischen Frisuren*

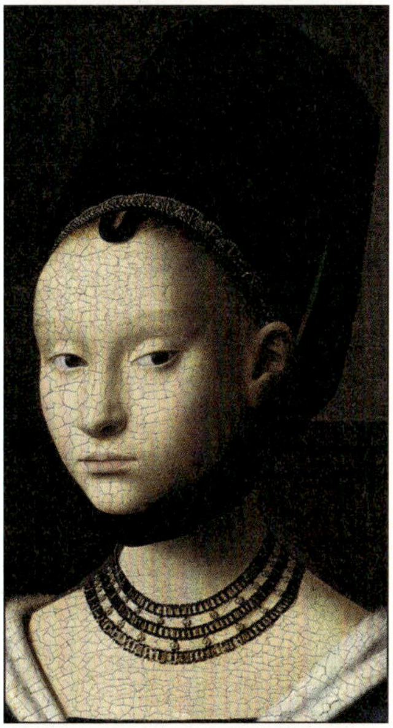

***Bildnis einer jungen Frau** von Petrus Christus, Mitte 15. Jh.*

***Elisabeth von Österreich,** um 1570, von Clovet, Frisur herzförmig frisiert im steifen spanischen Kragen*

***Vornehme junge Frau** von Domenico Veneciano (um 1410–1461), blondiertes Haar und hohe Stirn kennzeichnen die Frührenaissance*

***Frisur Valorosa,** um 1450, zeigt antike Umrisse, mit Draht verstärkt*

***„Dame"** nach Albrecht Dürer, 1471–1528. Gekraustes Stirnhaar kennzeichnet die Kurtisanen Venedigs*

Blondtöne wurden vor allem in Italien begehrt. Nach einer Kamillenwäsche bleichten die Schönen ihr Haar in der Sonne, wie es einst schon die Römerinnen taten. Goldstaub oder Irispuder erhöhte die helle Wirkung. Modefarbe war ein mit Hennabrei erzieltes sattes Rötlichblond, das wir auf den Gemälden Tizians als „Tizianrot" bewundern können.

Während der **Hochrenaissance** (etwa 1500–1550) blieben die Frisuren klein. Edle Steine, Perlen und Goldnetze schmückten weiterhin das Haar. Das einflussreiche Bürgertum wurde tonangebend in der Mode. Die Frisuren krönten barettähnliche, oft mit kostbaren Straußenfedern geschmückte Hüte. Die Hauben verschwanden ganz. Das in Netze gehüllte Haar diente überwiegend als Stütze für den modisch kostbar ausstaffierten Hut.

In der **Spätrenaissance** (etwa 1550–1600) machte sich die steife spanische Mode bemerkbar. Spanien war nach der Entdeckung Amerikas zu großem Reichtum und Einfluss gelangt. Das wirkte sich auf die kulturelle und damit modische Entwicklung aus. Europa und die überseeischen Besitzungen waren spanisch beeinflusst.

Zur strengen Frisur ließen sich die Damen das Stirn- und Nackenhaar in die Höhe kämmen, das von Schmuckkämmen zusammengenommen und gehalten wurde.

Diese neue scheitellose Form wurde mitbestimmt durch die spanische mühlsteinartige Halskrause und den „Stuartkragen".

Körperpflege

Die schweren Stoffe aus Samt und Brokat konnte man nur ungenügend reinigen, und das Ungeziefer mag manche Schöne geplagt haben. Ein ständig mitgeführter „Flohpelz" – hierzu verwendete man ausgestopfte Marder, Zobel, Iltisse oder Hermeline – diente als Köder und sollte Erleichterung verschaffen. Kostbar verziert mit goldenen Krallen und Augen aus Rubinen hingen sie an güldenen Kettchen am Hals vieler vornehmer Damen. Mit weißer Schminke erreichte man die begehrte helle Haut.

Der rasierte Haaransatz der Stirn und die z. T. auch völlig rasierten Augenbrauen wurden kräftig gepudert. Mit dem Farbstift zog sich die Frau die Brauen nach. Duftwässer benutzte man sehr reichlich.

Schminke, Parfüm und Puder verdrängten offenbar das Reinigungsbedürfnis der eleganten Damen und Herren. Das einfache Volk machte – wie in fast allen Epochen – die Übertreibungen nicht mit und lebte zumeist reinlicher und wohl auch gesünder. Oft genug geißelten Sitten- und Bußprediger die Geckenhaftigkeit der jungen Stutzer. Geiler von Kaysersberg (1445 – 1509) sagte z. B.:

> „...und sint offt die jungen Gecken, insonderheit Kauffmanssöhne, die meynen, sie weren alles, weil ihr vatter gelt hent, und die den gantzen Tag in den wirtshusern sitzen oder uff den strassen stolziren, in irer kleydung noch närrischer als die Weyber. Siest du nit, wi sie sich das haar büffen und ferben und das gesicht einschmieren?"

Gegen Ende der Renaissance erkannten die Ärzte die Zusammenhänge zwischen Schmutz und Seuche und drängten die Obrigkeit, Hygiene-Vorschriften zu erlassen.
Zünfte und Innungen des Bader- und Barbiergewerbes entfernten untaugliche und unwürdige Personen. So konnte 1548 auf dem **Reichstag zu Augsburg** endlich die Baderzunft als ehrenhafte Zunft anerkannt werden. In dieser Zeit kamen zu den Badern und Balbierern die ersten „Friseure" und „Perückenmacher", in Frankreich Coiffeur bzw. Perruquier genannt.

Der Balbierer, besungen von Hans Sachs:
Ich bin beruffen allenthalben /
Kan machen viel heilsamer Salbn /
Frisch wunden zu heiln mit Gnaden /
Dergleich Beinbrüch und alte Schaden/
Franzosen heyln / den Staren stechn /
Den Brandt leschen und Zeen außbrechn /
Dugleich Balbiern / Zwagen und Schern /
Auch Aderlassen thu ich gern.

Der berühmte Balbierer (Barbier) Burchiello aus Florenz war ein gewandter Unterhalter und Schriftsteller, der seinen Kunden in geistvollen Gesprächen und launigen Novellen immer wieder brillante Zeugnisse seiner Klugheit gab. Es wurde behauptet, er sei so weise gewesen wie der griechische Philosoph Sokrates.

Der Mann
Das Haar ließ der Mann gerne zu einer „Kolbe" formen, einer Art scheitellosem Pagenkopf. Der Vollbart wurde waagerecht gestutzt. Doch auch Spitz- und Schnurrbärte gab es. Das weite Barett aus Samt war eine beliebte Kopfbedeckung.

Ende des 15. und Anfang des 16. Jahrhunderts verweiblichte die männliche Haartracht: Vornehme Herren und eitle Stutzer ließen die lang

***Königin Elisabeth** von England, 1558–1603. Die weiße spanische Halskrause der Spätrenaissance erfordert kürzeres, in die Höhe frisierbares Haar*

***Maria von Medici,** 1573–1642, Königin von Frankreich. Mit Spitzenkragen (Stuartkragen)*

***Dame beim Bleichen** ihres Haares*

***Albrecht Dürer**, 1471 – 1528, (Selbstbildnis) im Schmuck gepflegter Kopf- und Barthaare*

***Franz I., König von Frankreich**, 1494 – 1547, mit Samtbarett und pagenkopfartiger Frisur. Auch die Bürger tragen gepflegte Bärte*

***Heinrich IV., König von Frankreich**, 1553 – 1610. Die steife spanische Tracht zwingt auch dem Mann um 1550 eine Halskrause auf. Das erfordert kürzere Haare. Spitzbart und Schnurrbart harmonieren dazu*

wallenden Haare krausen und sogar bleichen oder schwarz färben.

Albrecht Dürer, 1471 – 1528, porträtierte sich gerne im Schmuck seiner langen gelockten Haare. Im Alter war er ähnlich wie der Handwerksmeister (S. 33) frisiert.

Ab 1550 trug der Herr zur Halskrause kürzeres, schlichter frisiertes Haar und einen Spitzbart mit kleinerem Schnurrbart.

Kleidung

Verhüllte Formen schätzte man nicht. Dekolletiert, geschnürt in kostbar fließenden Gewändern aus Brokat, Samt und Seide war die Frau. Weiche Samtbaretts, wie sie auch die Männer trugen, oder kleine Kappen aus Samt, mit Juwelen und Federn geschmückt (span. Toque), sowie reich verzierte Diademe vervollständigten die Frisuren.

Die Kleidung bestand aus Über- und Unterkleid sowie aus einem Mantel oder Umhang. Das Kleid war zur Schleppe verlängert. Der Gürtel wurde antik hoch getragen. Die männliche Jugend überbot sich an Buntheit; oft wich ein Hosenbein in Farbe und Muster vom anderen ab.

Typisch für die Männer war der kurz anliegende Schnitt. Die Ärmel waren weit und bauschig.

In der Hochrenaissance sollte die Kleidung breit machen. Das wurde durch zwei übereinander liegende Stofflagen erreicht. Wie bei den Landsknechten war die Kleidung der Frau aufgebauscht und mit Schlitzen versehen, die den darunter liegenden Stoff erkennen ließen.

Beim Manne wurde die gewünschte Schulterbreite durch einen pelzverbrämten, weiten Mantel erreicht.

Um 1550 kam aus dem streng katholischen Spanien eine Mode, die dunkle Farben, durch Weiß sparsam aufgehellt, bevorzugte. Dekolletees und schöner Faltenwurf verschwanden unter diesem Einfluss. Das Korsett und der Reifrock kamen auf.

Die spanische Mode bestimmte für die Kleidung der Frau ab Mitte des 16. Jahrhunderts geometrisch strenge Linien. Das Korsett sollte die Taille schmal halten und die Brust flach pressen.

Ende des 16. Jahrhunderts dominierte in vielen Ländern der Stuartkragen, z. T. aus kostbaren, gesteiften venezianischen Spitzen gefertigt. Die schwarze spanische Tracht mit weißer Halskrause – Mühlsteinkragen – und hohem spanischen Hut bestimmte die Männermode.

Nach dem Öffnen von Adern durch den ***Schnepper*** *wird ein mittels* ***Öllampe*** *erhitzter* ***Schröpfkopf*** *auf die „Wunde" gesetzt. Der Unterdruck wirkt sich saugend auf die durchschnittenen Äderchen aus. Dieses – zur Aderlassen – dient zur mannigfachen Entspannung. Heute setzt der Arzt nach alter Art noch saugende Blutegel an, deren Speichel gegen Blutgerinnung wirkt*

Der Bader *beim Aderlassen und Schröpfen „Auff Angst und Schweiß, folgt Ruh und Preiß."*

Die Balbierstube um 1568. *Fertigkeiten des Balbierers hat Hans Sachs besungen* *(s. S. 31)*

Der Bader und Chirurg. *Ausschnitt nach einer Illustration von Petrus Hispanus, 1477*

Handwerksmeister *und andere Bürger lassen sich das Haar zur „Kolbe" formen. Der Vollbart im 16. Jh. ist waagerecht geschnitten*

Filmtipps

• *Kenneth Branagh,* Viel Lärm um Nichts, USA, ITA 1993 • *John Madden,* Shakespeare in Love, USA 1998 • *Eric Till,* Luther, D 2003

Aufgaben:

1. Die weiblichen Frisuren der Renaissance hatten antike Vorbilder. Woran ist das zu erkennen?
2. Warum rasierten sich die Damen das Stirnhaar?
3. Barett und Halskrause kann man auch heute noch bei bestimmten Amtstrachten sehen. Wo?
4. Welche Haarfarben waren in der Renaissance beliebt?

Sie: bis 1500 Hauben, Schleier, Stirnhaare rasiert, Mittelscheitel, griech. Knoten, Zöpfe, Haarteile, Perlen. Bis 1550 mehr Schmuck, Haarteile, barettartige Hüte.
Bis 1600 hochfrisiert.
Er: bis 1500 vielgestaltige Frisuren, u. a. die „Kolbe" mit waagerecht geschnittenem Vollbart, Spitzbart. Ab 1500 z. T. langes Haar, gekraust, gefärbt oder gebleicht.
Ab 1550 spanischer Spitz- und Schnurrbart mit schlichten, kürzeren Frisuren.

Barock *etwa 1600 – 1720*

Mittelpavillon des Zwingers in Dresden, *erbaut von Matthäus Pöppelmann, 1711 – 1722. Schwungvolle Kurven, überladene Giebel mit dekorativen, plastischen Formen sind Merkmale barocker Baukunst. Der Kirchenbau jener Zeit zeigt ineinander schwingende Bauelemente, die dem lichtdurchfluteten, farbigen Innenraum eine rauschende Symphonie von Bewegung und Gottesnähe geben*

Schmuck *mit schiefrunder Perle und Muscheln wird typisch für die Gestaltung des Barocks*

Fürstliches Paar des Frühbarock *um 1640. Stirnfransenfrisur und niedrige Allongeperücke harmonieren mit kostbaren, flach liegenden Spitzenkragen*

Das Wort „Barock" ist vom portugiesischen barocco abgeleitet und bedeutet unregelmäßige Perle. Heute versteht man darunter verschnörkelt, überladen oder sonderbar. Was war nun an dieser Epoche so sonderbar? – sicher das übersteigerte Lebensgefühl dieser Zeit, ihr Selbstbewusstsein und die Überbetonung männlicher Kraft und weiblicher schwellender Formen. Es war die Zeit der Könige Ludwig XIII. und seines Sohnes Ludwig XIV., das Zeitalter des Absolutismus in Frankreich und des Dreißigjährigen Krieges, 1618 – 1648. Wir können die Neigung dieser Zeit zu überladenem Prunk und großer Wuchtigkeit nachempfinden, wenn wir ein Barockschloss besichtigen, z. B. Schloss Schönbrunn in Wien, oder wenn wir eine Barockkirche in Süddeutschland aufsuchen.

Der Führungswechsel in der menschlichen Gesellschaft von den bürgerlichen Ständen zum Adel und zur Geistlichkeit zeigte sich besonders deutlich in repräsentativen Schlössern und Kirchen. Dieser Zeit des Absolutismus lag der Gedanke des von Gott eingesetzten Königtums zugrunde. Der Bürger wurde zum Untertan und der König zum unumschränkten Herrscher. Äußeres Kennzeichen der absolutistischen Zeit war die Staatsperücke.

Christina von Schweden, *Stockholm 1649, im Schmuck der flach gehaltenen und gescheitelten, gelockten Frisur des Frühbarock. Den Haarknoten ziert ein Perlenkranz*

Die Frau

Die Frisurenform im Frühbarock ab 1600 entsprach in ihrer Fülle der anfangs noch flachen männlichen Frisurenform. Ein vorderer Querscheitel oder ein Rundscheitel teilte das Haar ab. Die Seitenhaare drehte man zu großen Korkenzieherlocken. Das übrige Kopfhaar wurde zu einem Knoten oder Nest geflochten und beispielsweise mit einer Perlenschnur, einem perlengeschmückten Brokatgesteck oder einem breiten Kamm verziert. Ein glatter Pony oder leichte Lockenfransen bedeckten die Stirn. Danach wurde die Frisur Stirnfransenfrisur genannt oder nach dem Französischen: Frisur à la Garcette.

Um 1680 änderte sich mit dem Spätbarock die Frisurenmode angeblich durch den launenhaften Einfall der jungen Herzogin von Fontange. Die Anekdote erzählt, dass die 19-jährige Geliebte Ludwigs XIV. bei einem Jagdausflug ihr zerzaustes Haar kurz entschlossen hochstrich und mit ihrem Strumpfband befestigte. Dem König gefiel diese neue Frisur so gut, dass die Hofdamen diese Idee schnell aufgriffen und sich daraus die Frisur à la Fontange entwickelte. Gemälde aus dem Barock zeigen alle Haarfarben, bevorzugt wurden braune Nuancen.

Haar- und Bartpflege *im Hause des vornehmen Herrn*

Stirnfransenfrisuren des Frühbarock, *1600 bis 1680; Frisuren à la Garcette erlauben keine Mühlstein- und Stuartkragen mehr*

Frisur à la Fontange, *Spätbarock 1680 – 1720, eine bis zu 60 cm hohe Hoffrisur, aus Drahtgestellen, Spitzenschleiern, Perlen und Bändern gestaltet*

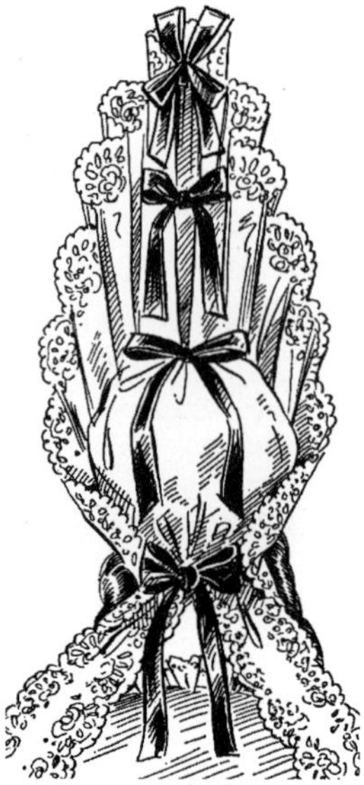

Fontange, *Rückansicht. Schleifen halten und verzieren die gestärkte Spitze*

Aufbau der Fontange. *An abgebundenen Haaren ist das mit Haarkrepp überzogene Drahtgestell befestigt. Perlenketten unterteilen das frisierte Eigenhaar. Dem Schleier gibt ein zweites Drahtgestell (punktierte Linie) Halt; Quetschpapilloten in Papier*

Der Mann

Ein Symbol dieser Zeit war die zum Kleidungsstück erhobene Perücke. Ludwig XIII., frühzeitig kahl geworden, führte die Allongeperücke[1] an seinem Hofe ein. Sie wurde aus Menschen-, Ziegen- oder Pferdehaar tressiert. Löwenbraun und Gelb waren die bevorzugten Farben, später gepudertes Weiß. Das Eigenhaar wurde kurz gehalten oder auch rasiert.

Mit der Herstellung und Pflege der teuren Allongeperücken beschäftigten sich die Bader und Barbiere neben den dafür besonders ausgebildeten Perruquiers (Perückenmachern). Der Franzose Ervais erfand etwa 1680 das Tressieren und krauste totes Haar (frisure forcée). Derartige Perücken wogen bis zu 5 Pfund und kosteten bis 1000 Taler.

Der Haarschmuck war inzwischen ein Maßstab für die Stellung und das Vermögen des Trägers geworden. Besonders teuer war löwenfarbiges, echtes Menschenhaar.

Damit die Hof- und Staatsperücke stets in Ordnung blieb, waren mehrere Exemplare zum Wechseln erforderlich.

Ludwig XIV. ernannte für seinen Hof mit dem Aufkommen der Staatsperücke 48 Perückenmacher zu perruquiers du Roi (königliche Perückenmacher). Schon seit 1656 bestand eine Perückenmacherinnung in Paris, die streng auf fachgerechte Ausführung der Perücken achtete.

In der Hauptsache war die Allongeperücke auf Frankreich beschränkt; doch fand sie in Deutschland, England und Italien bald Nachahmer. Im konservativen England wird heute noch zu feierlichen und oft aus dienstlichen Anlässen eine weiße Allongeperücke getragen.

Ludwig XIV. hat als Sonnenkönig 54 Jahre regiert und als einflussreicher, unumschränkter Herrscher die Mode des Spätbarock entscheidend beeinflusst. Viele Residenzen erinnern in ihrer Anlage und Ausgestaltung heute noch an das große Vorbild, das Schloss zu Versailles.

Die Allongeperücke wurde immer größer, doch den Bart rasierte sich der Kavalier bis auf einen schmalen Haarstrich immer kleiner. Schließlich blieben auf der Oberlippe nur zwei Pünktchen stehen. Daneben erfreute sich ein kurzer Spitz- und Schnurrbart bleibender Beliebtheit. Bei den Landsknechten allerdings sah man auch kriegerisch wirkende Knebelbärte, rot oder schwarz gefärbt und gewachst.

[1] Allonge, vom Französischen = verlängern

Körperpflege

Schönheitsideale waren die blühende, üppig gebaute Frau und der kraftvolle, korpulente Mann.

Allerdings scheuten sich auch die Vornehmen dieser Zeit vor dem reinigenden Wasser. Waschen und Baden schwäche und verweichliche die Haut, so meinten sie ernsthaft.

1642 verbot der Stadtrat von Hamburg das Baden und bestimmte: „Leute, die ins Wasser gehen, sich baden und schwimmen gleich den Gänsen und Enten, sind empfindlich zu bestrafen." In Frankreich meinte man zur gleichen Zeit, das Baden schade der Gesundheit, weil es die Poren verschließe.

Hände und Gesicht wurden oft nur mit Parfüm betupft; auf den Gebrauch von Seife verstand man sich kaum noch. Die Damen bei Hofe klebten auf die Gesichtshaut sog. Schönheitspflästerchen[1]; das waren kleine Pünktchen oder Sterne, die aus schwarzer Seide gefertigt wurden. Sie sollten ursprünglich entzündliche Veränderungen verdecken, wurden dann jedoch als Blickfang für die Männerwelt beliebt.

Als Folge des Dreißigjährigen Krieges wüteten in Europa Seuchen; ganze Städte starben aus. Die Badestuben blieben leer aus Furcht vor einer Ansteckung. Lästiges Ungeziefer fand somit ideale Verhältnisse vor. Mit „Riechäpfeln", das waren verzierte Metallbehälter mit stark duftendem Moschus oder Ambra gefüllt, versuchte man vergeblich, den üblen Geruch zu überdecken und Krankheiten zu bekämpfen.

Kleidung

Den neuen hängenden Frisuren zuliebe entwickelte sich im Frühbarock aus dem hohen, steifen Halskragen der Renaissance ein flacher Schulterkragen.

Die Kleidung der **Frau** bestand vor allem aus einem schweren, reich verzierten Oberrock, der durch Reifen gestützt wurde und vorne auseinander geschlagen war. Dazu kamen ein leichter, glockenartiger Unterrock, ein mit Schleifen besetztes Mieder, verschiedene dekorative Spitzen, Handschuhe und ein breitrandiger Filzhut. Neu war der weite Halsausschnitt, der oft von einem breiten Spitzenkragen eingerahmt war.

Die **Männerkleidung** wurde durch die Offiziere und Söldner des Dreißigjährigen Krieges geprägt. Ein Wams, dessen Ärmelnähte teils offen waren, sollte das blütenweiße Hemd

[1] Schönheitspflästerchen = frz. mouche = Fliege

Einzelteile der Fontange. *Ein Lockenholz dient dazu, papillotiertes, toupiertes und gefettetes Haar mithilfe einer Bürste zu Schlangenlocken zu formen. Das Drahtgestell der Lyra (Leier), mit Krepp oder Tüll überzogen, erlaubt, Eigenhaare oder vernähte Tressen in Form zu halten. Der broschenähnliche Schmuck wird im Haar festgeklemmt. Die Grundform blieb fast 40 Jahre in Mode*

„Der Morgen"*, holländischer Kupferstich (um 1680). Der Perruquier in heller Allongeperücke hat das Haar zum Aufbau einer „Fontange" abgeteilt. Der dazu gestellte Text meint:*

„Für Euch Damen, die ihr über die Zeit Eurer Schönheit hinaus geliebt werden wollt, ist die Toilette gegen die Beschwernisse des Alters eine große Hilfe."

Ludwig XIV. von Frankreich, der Sonnenkönig, 1638–1715, selbstbewusst in überladener Lockenpracht der Staatsperücke. Vorbild europäischer Fürsten. Die Allongeperücke, zunächst als Haarersatz gedacht, ist zum Prunkstück männlicher Kraft und Würde geworden. Dieser Haarschmuck kann als Symbol für die Zeit des Absolutismus angesehen werden, einer Regierungsform, die keine Rücksicht auf das Volk kennt. Von Ludwig XIV. stammt der berühmt gewordene Ausspruch, der seine Regierungsform kennzeichnet: „Der Staat bin ich!"

zeigen. Das Material war oft kostbare Spitze, die sich bei Männern und Frauen meistens in den breiten Ärmelmanschetten wiederholte. Die Hosenbeine wurden mit Schärpen und Schleifen unter dem Knie abgebunden. Hohe Stulpenstiefel behaupteten sich neben Halbschuhen mit großem Schleifenschmuck. Nur dem hohen Adel war es erlaubt, rote Absätze und einen Zierdegen zu tragen. Ein breitkrempiger Filzhut mit farbigen Federn bzw. der Dreispitz im Spätbarock und Handschuhe mit breiten Stulpen ergänzten diese einzigartige männliche Bekleidung.

Ab 1660 bestand die Männerkleidung im Wesentlichen aus Weste, Kniehose, Seidenstrümpfen und einem reich verzierten langen Knöpfrock. Schnallenschuhe oder Schuhe mit Schleifenschmuck, die oft ungewöhnlich hohe Absätze hatten, streckten die ganze Erscheinung, die ohnehin durch die Allongeperücke künstlich eine imposante Höhe erreicht hatte.

Johann Wolfgang von Goethe geißelte zu seiner Zeit um 1770 (Hochrokoko) ähnlich aufgeputzte Männer mit folgenden Worten:

„Setz dir Perücken auf von Millionen Locken,
Setz deinen Fuß auf ellenhohe Socken,
Du bleibst doch immer, was du bist."

Faust, I. Teil

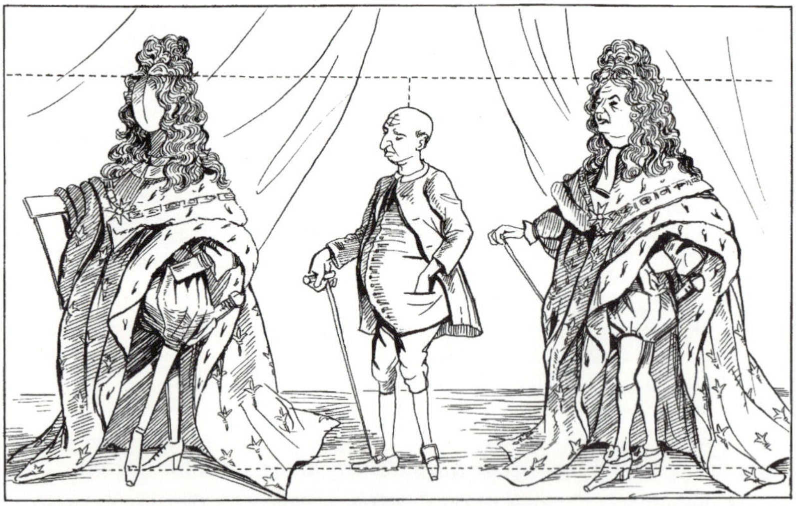

Karikatur des Engländers Willlam Makepeace Thackeray auf das absolute Königtum. „Vorbild" war das Gemälde vom Sonnenkönig, das im Louvre zu sehen ist

Trachten aus der französischen Provinz.
Der Bauer und die Bäuerin aus Meudon tragen ihre einfache Kleidung und Frisur in den Grundlinien der Mode ihrer Zeit

Filmtipps

- *Gore Verbinski,* Fluch der Karibik, USA 2003
- *Gerard Corbiau,* Der König tanzt, F, D 2000

Aufgaben:

1. Welche Wirkungen hat die Stirnfransenfrisur auf die Gesichtsform?
2. Welches Schönheitsideal schwebte dem Barockmenschen vor?
3. Kennen Sie weitere Komponisten der Barockzeit?
4. Warum werden heute noch Allongeperücken getragen?
5. Erläutern Sie den Ausspruch Ludwigs XIV.: „Der Staat bin **ich**!"

Sie: Frühbarock-Frisur von 1600–1680, Garcette- oder Stirnfransenfrisur mit Quer- oder Rundscheitel; Schönheitspflästerchen.
Ab 1680 Spätbarock Frisur à la Fontange; mit Spitzen hochfrisiert.
Alle Naturhaarfarben sind üblich, besonders bräunliche Nuancen.
Er: Frühbarock flache, im Spätbarock hohe Allongeperücke auf häufig kahl geschorenem Kopf. Haarfarben: Löwenbraun und Gelb; später mit Weizenpuder weiß gepudert. Spitz- und Schnurrbart bestanden neben dünnem Oberlippenbart.

Rokoko 1720–1789

Voltairezimmer *im Schloss Sanssouci bei Potsdam mit geschwungenen verzierten Rokokomöbeln und typischer Wanddekoration*

Das Menuett, *am Hofe Ludwigs XV. eingeführt, bewegter Ausdruck spielerisch beschwingter Lebensauffassung. Einen angemessenen Abstand bei graziösen Bewegungen erfordern der Reifrock und der entsprechend geformte Schoßrock des Kavaliers im Frührokoko (1720–1750)*

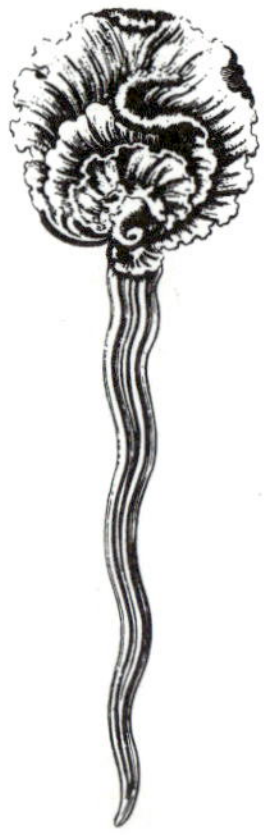

Haarnadel *mit muschelförmigem Ornament*

→ Barock

Auf den überladenen, prunkvollen Stil des Barock folgte eine Übergangszeit, die in Frankreich geprägt wurde durch die Regentschaft des jungen Königs Ludwig XV.
Die galante Zeit des Rokoko setzte ein um 1720. Das Wort Rokoko leitet sich von dem französischen rocaille ab und heißt Muschelform, eine in der Architektur dieser Zeit häufig wiederkehrende Plastik. Die geriffelte Form der Muschel wurde in eleganter Leichtigkeit ausgebildet.
Sie zierte die Innenräume mit ihrem Glanz einer verwirrend schönen Dekorationskunst. Dafür ist Amalienburg ein Beispiel. Aber zugleich ist dieses 18. Jahrhundert die Zeit der Aufklärung (Voltaire, Rousseau); Dampfmaschine, Webmaschinen und Eisenhütten kennzeichnen die technische Entwicklung.

Die Namen Goethe, Lessing, Schiller[1], Haydn, Mozart erinnern uns daran, dass diese ausschweifende und doch anmutige Welt uns kulturelle Impulse und auch fantastische Frisuren gab, die mit der pompösen Kleidung wetteiferten. Nicht selten war die Frisur die Krönung der modischen Erscheinung. Ihre Schöpfer, die Coiffeure, waren hoch angesehene Persönlichkeiten.

Die Frau
Im **Frührokoko,** 1720 – 1750, trug die Gemahlin Ludwigs XV., Maria Leszczynska, die Tochter des abgesetzten Polenkönigs Stanislaus Leszczynski, eine kleine gepuderte Frisur. Die junge Marquise de Pompadour, die Geliebte und Beraterin König Ludwigs XV., beeinflusste auch die Mode und die Politik, besonders aber die Sitte. Gewalttaten waren äußerst selten. In dieser heiteren Zeit, in der einflussreiche Frauen die Richtung der Politik bestimmten, war kein Platz für raue Manieren. Die Pompadour galt als inoffizieller Außenminister Frankreichs.

Neben der herrschenden Stellung in der Mode beeinflusste die Pompadour auch die Architektur. Von ihr stammen zahlreiche Entwürfe zur Innendekoration ihrer Gemächer.

Zahlreiche Anregungen zur Frisurengestaltung gingen auf die Geliebte Ludwigs XV. zurück. Ihre kleinen anmutigen gepuderten oder ungepuderten Löckchenfrisuren mit einfachem Blumenschmuck wurden in ganz Europa nachgeahmt. Der Hoffriseur Dagé hatte für die königliche Geliebte möglichst täglich neue Frisurenvorschläge zu machen. Auch Kammerzofen verstanden sich damals auf die hohe Frisierkunst.

[1] Schillers Vater war Barbier und Feldscher (Wundarzt).

***Döschen** für Schönheitspflästerchen*

***Maria Leszczynska,** polnische Prinzessin und Gemahlin Ludwigs XV. Die von ihr 1730 getragene Frisur ist eine geschmackvolle Abwandlung der kleinen Puderfrisur des Frührokoko, die hier ein Diadem hoheitsvoll schmückt*

***Marquise (Herzogin) de Pompadour,** einflussreiche Geliebte Ludwigs XV., lenkt maßgeblich die führenden Geister des Rokoko und gibt dem Frührokoko eine heitere Note. Gegen 1740 führt sie diese duftig zarte kleine Lockenfrisur am französischen Hof ein. Die Schönheitspflästerchen der Barockzeit haben nichts von ihrer Beliebtheit verloren*

Frührokoko
Hochrokoko

Im **Hochrokoko,** 1750 – 1780, trugen Damen höher aufgebaute Frisuren. 1770 heiratete die 15-jährige Tochter der österreichischen Kaiserin Maria Theresia König Ludwig XVI. Unter dem königlichen Zepter der jungen Marie Antoinette und den geschickten Händen ihres fantasiereichen Hoffriseurs Léonard Autier entwickelten sich die hohen künstlerischen Frisuren.

Zu besonderen Anlässen sollten in den hohen Aufbauten Motive zu erkennen sein, wie z. B. der Sternenhimmel, eine Rodelbahn,

***„La belle poule"** („Das schöne Huhn") heißt das siegreiche französische Kriegsschiff, dessen Modell der Hoffriseur Léonard Autier der Königin Marie Antoinette 1777 einfrisiert*

***Zum Aufbau** dient ein Gestell, das einem Diadem mit anhängendem Korb ähnelt. Auf dem Kopf wird eine Haarsträhne als Stütze abgeteilt und als Zopf flach aufgesteckt. Daran wird das Gestell befestigt, toupiert und mit Lockenteilen einfrisiert. Bevor das Schiff aufgesetzt wird, muss das Haar gepudert sein*

Springbrunnen. Auch geschichtliche Ereignisse, wie sie die Frisur „à la belle poule" zeigt, sind frisiert festgehalten worden. Das nötigte die Damen bisweilen zu anmutigen Balanceakten. Sehr hohe Frisuren ließ man eigens durch einen Pagen stützen. Übertreibungen gab es zu Komödienspielen und Maskenfesten. Die Friseure griffen gerne außergewöhnliche Ideen auf.

Drahtgestelle, Rosshaarkissen und Haarkrepp mussten den Haarbau stützen. Häubchen, Blumen, Perlenketten, Straußenfedern vervollständigten die übertriebenen, aber dennoch geschmackvollen Frisuren, die z. T. bläulich oder rosa gepudert waren.

Die sparsame und sittenstrenge Mutter der Königin Marie Antoinette, die österreichische Kaiserin Maria Theresia, schrieb in einem Brief an ihre Tochter im Jahre 1775 tadelnd: „... es handelt sich um Ihren Kopfputz. Man sagt, dass die Frisur von den Haarwurzeln 36 Zoll in die Höhe gehe und mit einer Menge Federn und Bändern geschmückt sei, die das alles heben. Sie wissen, dass ich immer der Meinung war, die Mode mit Mäßigung mitzumachen, sie aber nie zu übertreiben!"

Ungeheure Mengen von Weizen- und Reispuder wurden in Europa zur Herrichtung der Frisuren verbraucht. Dadurch soll dem Volk nicht selten das tägliche Brot gefehlt haben. Wer es sich leisten konnte, puderte das Haar mehrmals am Tage in einer eigenen Puderkammer. Haarwäschen waren so gut wie unbekannt. Nachts musste man das frisierte Köpfchen in einem Lehnstuhl ruhig halten; denn die Bälle und Feste begannen damals früh am Morgen.

Ein ganzer Stab von Bediensteten stand zur Verfügung um zu sichern, dass Frisur und Kleidung immer in Ordnung waren.

Die Damenfriseure bei Hofe wurden als akademische Künstler bezeichnet und oft besser bezahlt als Minister. Der Friseur Legros eröffnete 1763 in Paris eine Akademie der Damenfriseure, eine Art Hochschule der Frisierkunst, und verfasste ein grundlegendes Lehrbuch. Der Hoffriseur Marie Antoinettes, Léonard Autier, musste, durch seine Königin angeregt, seine Kunstfertigkeit steigern und ständig neue Schöpfungen der Frisurenmode gestalten. Die Frisuren wurden durch so genannte „Kopfleiherinnen" auf den Boulevards von Paris den Damen der Gesellschaft vorgeführt. Die Coiffeure hatten das Degenprivileg erhalten, das ihnen erlaubte, als der

Schönheit ergebenste Dienerschaft gleichberechtigt neben den Kavalieren auf den Prachtstraßen flanieren zu dürfen.

Die einfachen Schichten des Volkes ahmten mit schlichten Mitteln die Frisuren nach oder wandelten sie mit eigenen Ideen ab.

Im **Spätrokoko,** 1780 – 1789, wurden die Frisuren niedriger, nahmen aber an Breite zu. Diesen Eindruck verstärkten breit ausladende Hüte und Hauben. Besonders in England war dieser Stil entwickelt worden.

Die in jener Zeit durch Grabungen englischer, französischer und deutscher Forscher wieder entdeckte antike Welt hat durch ihren schlichten Stil dazu beigetragen, dass die turmartigen Haargebilde natürlicheren, klassischen Formen Platz machten. Damit endete auch der Rokokostil.

Die schräg geformte Rosenkranzfrisur der Prinzessin Lamballe ist bis in die ersten Tage der Französischen Revolution getragen worden. Diese Frisur soll für das Schmuggeln von Briefen der Königin aus den streng bewachten Tuilerien geeignet gewesen sein. Als Botin entdeckt wurde die Prinzessin angeblich durch den prüfenden Bajonettstich eines Soldaten in die Frisur.

Auf der Flucht vor den Revolutionären nach England sollte der Hoffriseur Autier die königliche Familie begleiten. Doch er verspätete sich. Marie Antoinette ließ deshalb halten und wurde bald von der Bevölkerung erkannt. Somit wäre ihr Friseur indirekt mitschuldig an der Verhaftung und Hinrichtung der königlichen Familie.

Mit der Revolution endete in Frankreich der Frisurenstil des Absolutismus. Bald wurden auch in den übrigen Ländern die Frisuren im neu aufkommenden Geiste umgewandelt. Damit zeigten die Menschen ihre Abkehr von der Pracht der Rokokofrisuren und ihre Sympathie für freiheitliche Formen des Lebens.

Körperpflege

Bedingt durch dicke Schichten von Puder und Schminke und die hohen Frisuren, scheute man sich, regelmäßig ein Bad zu nehmen. Nach der Revolution von 1789, dem Ende der Rokokozeit, wurde behauptet, im ganzen Schloss Versailles hätte es keine Badewannen gegeben.

Nachforschungen ergaben jedoch, dass Badegelegenheiten vorhanden waren. Nach dem Essen wurden die Fingerspitzen in warmes, parfümiertes Wasser getaucht. Lästigen Körpergeruch überdeckte man durch Parfüm und

***Hohe Puderfrisur „Marie Antoinette“**, 1780.*
Trotz der hohen Aufbauten im Hochrokoko erscheinen diese Kunstwerke formvollendet, dekorativ und sogar anmutig

***Rückansicht der „Marie Antoinette“** mit Anordnung der großen Rolllocken und dem tief sitzenden Haarbeutel. Die Befestigung der farbigen Straußenfedern ist durch vier kleine Locken geschickt kaschiert (verdeckt)*

Das Abteilen der „Marie Antoinette". *Zwei Querscheitel ergeben drei Teile. Eigenhaar und angesteckte Haarteile sind z. T. toupiert, gefettet und kräftig weiß oder rosa gepudert*

Das Drahtgestell *mit Tüll überzogen und – bis auf den mittleren Teil – mit Haarkrepp benäht. In das freie Mittelstück muss die vordere Straußenfeder einfrisiert werden*

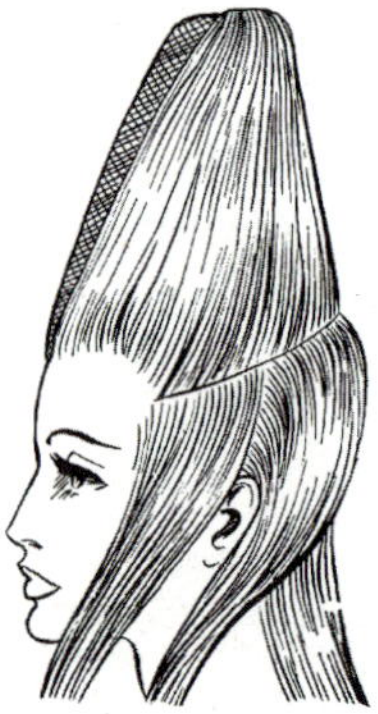

Die nach vorne gekämmten Strähnen *ergeben zwei Stocklocken. Die beiden anderen sind aus Tressen gefertigt. Der Haarbeutel entsteht aus dem langen Nackenhaar*

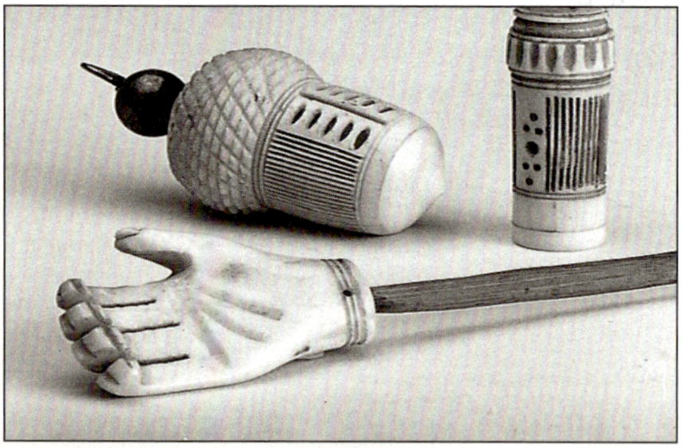

Winzige „Flohfalle" *aus Elfenbein. Sie wurde in der Kleidung am Körper getragen. Mit einem blutbenetzten Wattebausch gefüllt und von innen mit Honig und Sirup bestrichen, lockte die Falle die Plagegeister durch winzige Löcher hinein. Satt und dick geworden, blieben sie gefangen*

parfümierte Puder. Nicht nur das Haar, sondern auch Gesicht, Hände und Arme erhielten eine dicke weiße Puderschicht.

Durch den bedenkenlosen Gebrauch von Bleiweißpuder bildeten sich Pusteln und Knötchen in der Haut. Pflästerchen waren oft das einzige „Gegenmittel". Wimperntusche, Augenbrauenstift und knallrote Lippenschminke gaben dem Gesicht etwas Maskenhaftes, das durch rote Bäckchen teils komisch wirkte. Diese Art Schönheitspflege wurde auch von der Greisin betrieben, ja selbst die Kinder schminkte man.

Im Zeitalter des Rokoko war nichts so gefürchtet wie das Altern. Der Spiegel war überall zur Hand, sogar im Gebetbuch.

Das schwarze Schönheitspflästerchen feierte wahre Triumphe. In kleinen Büchsen hielt die Dame eine Reihe verschieden geformter seidener „Fliegen" bereit, deren Form und Sitz dem Kavalier Laune und Temperament der Trägerin anzeigten, z. B. Pflästerchen an der Stirn = die Freche; im Augenwinkel = die Leidenschaftliche.

Bei der Abneigung gegen Wasser war es kein Wunder, dass Hautkrankheiten und Ungeziefer die Menschen plagten.

Das Haar wurde selten aufgelöst, gekämmt oder gewaschen. So nisteten sich Schmarotzer ein. Gegen das Jucken und Stechen benutzte man den grattoir (sprich gratwa:r), einen langstieligen Kratzer, um die Kopfläuse ein wenig beiseite schieben zu können.

Die Schönheit des gesunden Körpers wurde durch ein Korsett stark verbildet, und es gehörte zum guten Ton, von irgendeiner Krankheit sprechen zu können, unter der man litt oder zu leiden glaubte. Vergessen war die Erkenntnis der Antike, dass für ein gutes Aussehen der Gesundheitszustand maßgebend ist.

Kleidung

Die Frauen trugen jetzt in allen Schichten der Bevölkerung den Reifrock. Leibchen, halblange Ärmel und der Rock waren reich verziert mit Schleifen, Rüschen, Stickereien und Spitzen. Eine Wespentaille, zierliche Stöckelschuhe, Schäferinnenhüte oder Hauben, Fächer und Lorgnette ergänzten das anmutige Bild der „Teepuppen".

Um 1760 nahm der Rock riesige Ausmaße an, war vorne und hinten abgeflacht zur Ellipse und erlaubte der Trägerin nur noch seitlich und wegen der Frisur auch nur gebückt, die Türen zu passieren.

Die Kleidermode blieb in ihrer Hochform beschränkt auf höfische Kreise. Die Hofetikette schrieb vor, dass neben der Königin zu beiden Seiten ein Stuhl frei bleiben musste, damit die Hofdamen die Königin nicht verdeckten. Um 1780 wurden die Röcke reifenlos und ließen nun die seidenen Schuhe sehen. Marie Antoinette regierte überwiegend als Königin der Mode. Jeden Monat wurden von Paris aus Modepuppen an die europäischen Höfe verschickt, um zu zeigen, was Paris und damit die Königin verändert hatte.

Die Damen bevorzugten die Stoffe der Königin Marie Antoinette. Brokate wurden abgelöst durch Seide in zarten Pastellfarben. Das Rokoko-Galakleid blieb trotz des leichten Materials füllig. Nur kleine Trippelschritte mit den seidenen und spitzen Stöckelschuhen ermöglichten ein sicheres Gehen bei vorsichtiger Balance mit der hohen Frisur.

***Die „Lamballe"**, eine Rosenkranzfrisur der Prinzessin Lamballe, Freundin der Königin Marie Antoinette. Diese asymmetrische, gepuderte Schrägfrisur zählt zu den letzten Frisurenschöpfungen des Spätrokoko um 1789*

Der Mann

Ein Aufatmen mag durch die Männerwelt gegangen sein, als man sich nach dem Tode des Sonnenkönigs 1715 von der Last der schweren Allongeperücke befreien konnte. In Deutschland hatten besonders die Soldaten und Beamten schon mit dem Regierungsantritt des sparsamen Königs Friedrich Wilhelm I. von Preußen 1713 die leichte Zopfperücke eingeführt.

Viele Bürger frisierten ihr Eigenhaar zu einem Zopf, einer Nachahmung aus China. Später trugen auch die Herren in Frankreich kleine weiß gepuderte Perücken, die in einem pomadisierten Zopf mit Samtschleife ausliefen. Wolfgang Amadeus Mozart ist vielfach schon als Kind in der weiß gepuderten Zopfperücke abgebildet worden.

***„Hinter der Kulisse"** ergänzen blaue Seidenbänder und eine frische Rosengirlande die großen Stocklocken und den Haarbeutel*

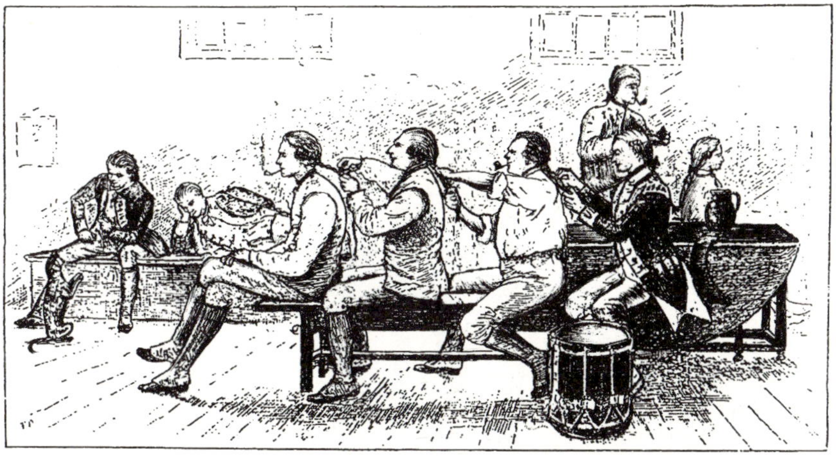

***Soldaten beim Flechten** ihrer vorgeschriebenen Zöpfe in der Armee. Nach einer Federzeichnung von Frank Dodd um 1780*

König Ludwig XV., *1715 bis 1774, in leicht gepuderter Perücke der Frührokokozeit*

Die Rückansicht *einer Beutelperücke*

Hochrokoko um 1775, *der hohen Damenfrisur angepasst*

Johann Wolfgang von Goethe *am Stehpult um 1780*

Goethe erzählt in „Dichtung und Wahrheit" aus seiner Kinderzeit: „Ich war frisiert und gepudert, die Locken standen wie Flügel vom Kopfe ..."

Ein schwarzseidener Haarbeutel nahm später oft das Zöpfchen auf (Beutelperücke). Über den Ohren ließ man sich 1 – 2 Rolllocken frisieren. Der Kavalier besaß einige Dutzend fertig gepuderte Perücken. Graf Brühl soll insgesamt 1500 Perücken besessen haben. Friedrich der Große meinte dazu bissig: „Etwas viel für einen Mann ohne Kopf!"

Mit der Betonung der Perücke verschwand der Bart. Nur beim Militär wurde er noch gepflegt.

Den Militärs kam übrigens die Einführung des Zopfes anstelle der fülligen Allongeperücke sehr gelegen. Oft störte das lange Haar beim Abfeuern der Gewehre. Zur Morgentoilette gehörte es, dass sich die Soldaten gegenseitig die Zöpfe flochten. Der Zopf war ein Merkmal für die Söldnerheere des Absolutismus.

Der Mann aus dem Volke formte sich aus eigenem Haar die Frisur des Rokoko.

Die Kleidung des Mannes bestand aus dem goldgestickten, langen farbigen Rock mit wertvollen Zierknöpfen, einer hellen, bestickten Weste und einer Kniehose, die meistens aus schwarzem Samt gefertigt war. Das spitzenverzierte Hemd, weiße Strümpfe, Halbschuhe, mit Schnallen besetzt, ein Dreispitz und evtl. ein Zierdegen ergänzten die männliche Kleidermode.

In der Frührokokozeit entsprach die Silhouette des Kavaliers dem Umris s der „Teepuppe" aus jener Zeit. Der Rock saß auf Taille und stand durch entsprechende Fütterung zu beiden Seiten ab. In der Spätrokokozeit zeigte der Rock des Mannes eine gestrecktere und längere Linie.

Gesetz von 1770

Wer irgendeinen männlichen Untertan durch trughafte Mittel als da sind: rote und weiße Schminke, allerlei duftende Essenzen und Puder in die Ehe verlockt, wird wegen Zauberei verfolgt, und die Heirat kann vor Gericht für null und nichtig erklärt werden!

(Stadtarchiv Frankfurt/Main)

***Offiziere, Soldaten und Beamte** frisieren zumeist das eigene Haar zu einem abstehenden Zöpfchen*

***Frisierszene um 1770,** Porzellangruppe. Was ist alles an dieser Gruppe für uns besonders bemerkenswert?*

***„The Englishman in Paris“.** Auf eine gezielte und gleichmäßige Puderung kommt es dem Figaro an*

Filmtipps

- *Philippe de Broca,* Duell der Degen, F 1997
- *Milos Forman,* Amadeus, USA 1984

Aufgaben:

1. Welche Mittel sind für eine Frisur der Marie Antoinette erforderlich?
2. Zeichnen oder modellieren Sie: a) kleine Puderfrisur, b) hohe Turmfrisur.
3. Unterscheiden Sie die Frisuren von Bach und Mozart.
4. Charakterisieren Sie „Figaro“ in Mozarts Oper „Die Hochzeit des Figaro“.
5. Warum hat Rousseau seine Mitmenschen aufgefordert, natürlicher zu leben?
6. Beschreiben Sie die Frisuren und Kostüme zu Lessings „Minna von Barnhelm“.
7. Nennen Sie Herrscherinnen auf Europas Thronen in der Zeit des Rokoko.

Sie: im **Frührokoko** bis 1750 kleine Frisuren, z. B. Pompadour.
Im **Hochrokoko,** 1750 – 1780, hohe Frisuren, Schmuck und Zutaten, blauweiß oder rosa gepudert, z. B. Marie Antoinette.
Im **Spätrokoko,** 1780 – 1789, breitere Frisuren, z. B. Prinzessin Lamballe.
Er: Beutelperücke, gepuderte Zopfperücke mit 1 bis 2 waagerechten Rollen, Samtschleife; Höhe den Damenperücken der drei Epochen innerhalb des Rokoko angepasst.
Überwiegend glatt rasiert.

Französische Revolution *1789 – 1795*

Die Erstürmung der Bastille, *ein düsteres Gefängnis von Paris, am 14.7.1789, ist das Fanal für die Revolution. Die Nationalgarde, Bürgersöhne mit revolutionären Zylindern, Stutzerfracks und blau-weiß-roten Fahnen bzw. Schärpen, bestimmen danach das Bild der Straße*

Die Frau an der Spitze der Revolution

Die kostspielige Hofhaltung, die hohen Steuerabgaben der Bürger und Bauern, die schlechte Entlohnung der Arbeiter und das Vorbild des amerikanischen Freiheitskampfes führten im Juli 1789 schließlich zur Erstürmung der Bastille. Der nachfolgenden Revolution fielen Tausende von Adligen, Gelehrten und Künstlern unter dem Fallbeil (Guillotine) zum Opfer. Der „dritte Stand", die Bürger, auch die Bauern und das Proletariat, beherrschten mit dem Ruf nach Freiheit, Gleichheit und Brüderlichkeit die Szene.

Geistige Wegbereiter waren die Schriftsteller und Philosophen Rousseau und Voltaire. Von Rousseau stammte die aufrüttelnde Feststellung: „Der Mensch wird frei geboren, doch überall liegt er in Fesseln!"

Dem Gedanken der Freiheit stand Ludwig XVI. mit seinem Kabinett ratlos gegenüber. Um das zerrüttete Wirtschaftssystem zu retten, berief der König die seit 150 Jahren nicht mehr zusammengerufenen Vertreter der Stände. Der dritte Stand brachte die Führung an sich und erklärte sich zur „Nationalversammlung", d. h. zur Vertretung des **ganzen** Volkes. Damit war die Macht des Adels und der Geistlichkeit gebrochen. Das bis 1789 wie unmündig behandelte Volk befreite sich schließlich in der Revolution von seinem unfähigen König und damit von der Herrschaft absoluter Fürsten. Die königliche Familie musste auch für die Sünden der Vorgänger büßen und endete 1793 unter dem Fallbeil.

Doch die Revolution tobte weiter und bemächtigte sich am Ende auch ihrer Anführer, wie Danton, Marat und Robespierre, die umgebracht wurden.

Die folgenden neuen Epochen erhielten ihre geistigen Triebfedern durch die freiheitlich gesonnenen Schriftsteller der Aufklärung. Die Kunstrichtung der „edlen Einfalt und stillen Größe" griechischer und römischer Formgebung wurde besonders nach den Stürmen der Revolution wieder zum Vorbild genommen und bildete den Klassizismus aus.

Ein gewisser Napoleon Bonaparte erlebte als junger Offizier die Revolution und sympathisierte mit den Trägern der freiheitlichen Ideen.

Die politische Entwicklung zeigt folgende Stadien mit ihren modischen Eigentümlichkeiten und entsprechenden Formen:

die **Französische Revolution**	1789 – 1795
das **Direktorium**	1795 – 1799
die **Konsulatszeit**	1799 – 1804
das **Empire**	1804 – 1815

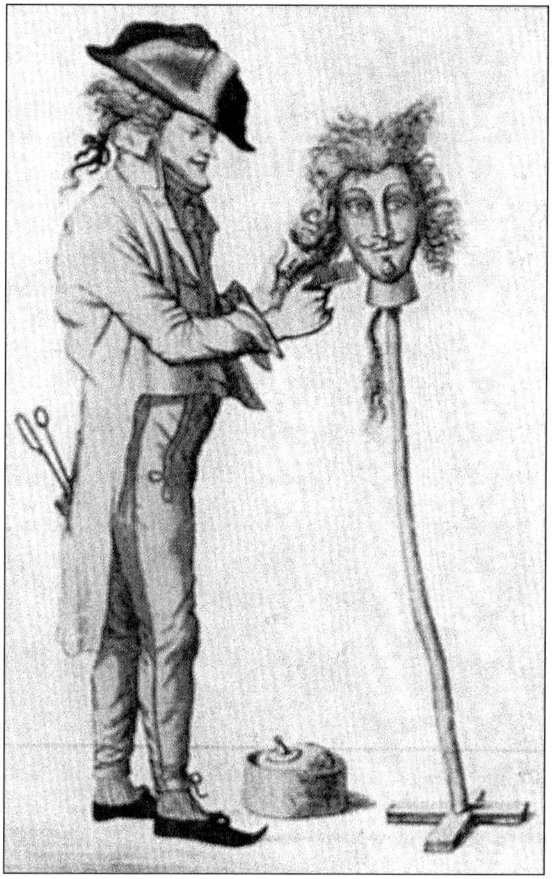

Ein Berufskollege. *Sein Zweispitz, die ungepflegte Frisur, Halstuch und salopper Frack weisen ihn deutlich als Zeitgenossen der Revolution aus*

Revolutionsfrisur „Husar". *Ergebnis schüchterner Suche der Bürgerin nach geschmackvollen Frisuren. Leicht gekraust und gelockt, lange Seitenhaare abgebunden, zu einem Beutel frisiert*

Bürger *mit roter phrygischer Mütze als Symbol der Freiheit auf ungeordneten, zotteligen Haaren in betont schlecht sitzendem Frack und langen, oft blau-weiß-rot gestreiften Hosen, den Farben der Revolution*

Bürgerin *trägt halblange, anfangs noch unfrisierte Haare, die ein Rundhut bedeckt, der später neben dem Zweispitz auch von Männern getragen wird. Das auf Taille sitzende Kostüm hat den jetzt typisch männlichen aus England übernommenen Schnitt*

Die Frau

Revolutionäre unterstrichen ihre Überzeugung durch ungepflegtes Aussehen. Die Bürgerin ließ ihr ungepudertes, langes Eigenhaar verwirren. Doch bald entstanden extravagante Formen mit Namen aus der Revolutionszeit. Diese Frisuren wurden stets mit Kopfbedeckungen getragen und hießen z. B. „Nation", „Freiheit" oder „Husar". Die Nationalfarben Blau-Weiß-Rot leuchteten in Kokarden an den Kopfbedeckungen und als große Schärpen. Männlich wirkende Jäckchen, Westen, Halsbinden sowie bodenlange weite Röcke waren üblich. Aus Sympathie mit den Opfern trugen die Damen der Gesellschaft ein seidenes rotes Band um den Hals oder ließen sich auch die Nackenhaare rasieren, so wie das der Henker vor der Enthauptung machen musste.

Der Mann

Die rote phrygische Mütze, ein Zweispitz oder ein Rundhut auf künstlich zerzaustem halblangem Haar und eine breite Halsbinde kennzeichnen den Revolutionär. Eine lange Hose, hohe Stiefel, blauer oder schwarzer Frack sowie eine Schärpe mit den blau-weiß-roten Farben der neuen Republik vollendeten den Aufzug.
In den ersten Tagen der Revolution schnitten sich die radikalen Jakobiner ihre Kniehosen als Zeichen des Umsturzes einfach auf. Im Laufe der Bewegung erhielt die Kleidung – nicht ohne den Einfluss der englischen Mode – einen bürgerlichen Schnitt.

Körperpflege

In dieser Zeit kam auch wieder die natürliche Körperpflege zu ihrem Recht. Puder, Schminke und Perücken wurden – allerdings nur für kurze Zeit – ganz abgeschafft. Die Damenwelt, auch der bürgerlichen Schichten, verstand sich bald wieder im vorteilhaften Gebrauch farbiger Mittel.

Aufgaben zum Stilgefühl:

1. Warum änderte sich mit der Französischen Revolution auch die Mode?
2. Ordnen Sie die Frisuren auf Seite 53 a) nach der richtigen Zeitfolge ein, nennen Sie b) die Stile, geben Sie c) die Zeitabschnitte an und nennen Sie berühmte Persönlichkeiten der Stilepochen.
3. Inwiefern sind Frisuren Formen eines bestimmten Lebensstils?
4. Welche Frisuren stellt der Zentralverband des Deutschen Friseurhandwerks als Modeempfehlung den Damen und Herren unserer Zeit vor?

Sie: natürliches, ungepudertes, ungeordnetes Haar. Später schlichte Frisuren mit Haarbeuteln und nur an den Spitzen gelockte, herabhängende Haarsträhnen. Mützen oder zylinderförmige Rundhüte mit Kokarden in den Nationalfarben.
Er: halblanges Haar des Revolutionärs; anfangs unter roter phrygischer Mütze, später unter Zweispitz oder zylinderartigem Hut mit blau-weiß-roter Kokarde.

1

2

3

4

5

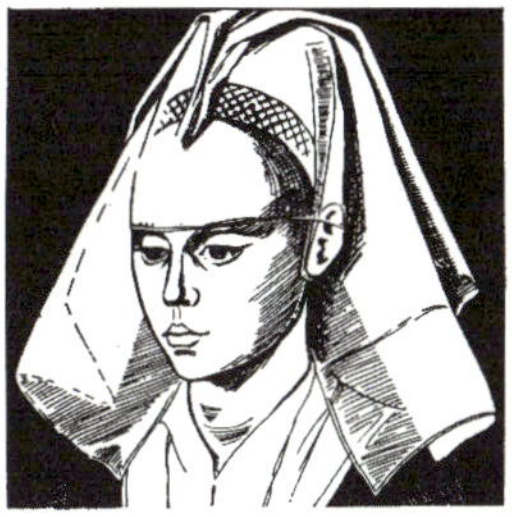
6

7

8

***Im Rokoko-Frisiersalon**, ehemalige Dammer-Steingut-Manufaktur, um 1780 mit Porzellan gestaltet*

Aufgaben:

1. Ist die Frisierszene wirklichkeitsgetreu wiedergegeben?
2. Wer trägt seine Frisur à la mode?
3. Welche Frisuren sind nicht mehr „in“?
4. Welche Stile werden hier dargestellt?

Filmtipps

- *Andrzej Wajda,* Danton PL, D, F 1983
- *Hans Behrendt,* Danton, D 1931

Direktorium *1795 – 1799*

Tanzszene um 1795. *Ein Versuch des Bürgers und der Bürgerin, einen neuen Stil zu entwickeln. Bemerkenswert sind die zotteligen, langen nach vorn frisierten Haare der Männer und die locker geformten griechischen Frisuren der Damen. Die Kleider sind in Schnitt und Form der griechischen Klassik nachempfunden. Bemerkenswert ist bei den Männern der von den damaligen Uniformen übernommene hohe umgeschlagene Kragen*

Der „Unglaubliche“ und die „Wunderbare“,
Karikatur zum Direktorium 1795

Die Ordnung wurde nach blutigen Jahren durch fünf Männer, das Direktorium, ein Regierungskollegium, hergestellt.

Auf der Suche nach neuen Lebensformen in dieser ersten französischen Republik nahm man die Antike zum Vorbild.

Durch die Ausgrabungen auf antikem Boden wurden nicht nur die Künstler und Modeschöpfer angeregt, sondern auch die Politiker besannen sich auf die Macht und Größe des römischen Weltreichs zur Zeit der Republik und zur Kaiserzeit. Es war demzufolge das Bestreben der verantwortlichen Männer, die Römer in der Staatsführung nachzuahmen, während die Künstler sich griechischer und römischer Motive bedienten, um neue Formen nach klassischen Vorbildern zu gestalten. Man begann mit dem Bau des Brandenburger Tors in Berlin nach griechischem Vorbild.

Die Regierungsvertreter zeigten auch ihre Sympathie für das antike Rom. Sie trugen wie römische Senatoren Tunika und Toga und ließen ihr Haar kurz schneiden wie Senatoren und Cäsaren (Kaiser).

Die Frau

Das ungepuderte Haar wurde zu einem römischen Tituskopf papillotiert oder nach griechischer Art frisiert. Kiepenhütchen, Tücher bzw. Schärpen mit hohen Straußenfedern oder orientalische Turbane ergänzten die Frisuren.

Ehemalige Hoffriseure fertigten wieder Perücken in Blondtönen an, die auch als „Zweitfrisur" von Damen der Gesellschaft getragen wurden.

Der Mann

Nach römischem Vorbild (Tituskopf) trug er kurz geschnittenes, gelocktes Haar ohne Scheitel, das vom Wirbel her frisiert war. Der Stutzer liebte schulterlanges, zotteliges Haar unter einem Zweispitz mit der Kokarde.

Körperpflege

Puder und Schminke wurden überwiegend noch abgelehnt. Die durchsichtigen Stoffe und das Dekolletee erforderten eine gründliche Reinigung und Pflege der Haut. Wasser und Seife hielt der so genannte „Altar der Reinlichkeit" in jeder Wohnung bereit. Das waren Waschschalen auf eisernen Gestellen, griechischen Vorbildern nachempfunden.

Kleidung

Die Frauen trugen sehr leichte, tief ausgeschnittene hemdartige Kleider à la grecque aus hauchdünnen Stoffen (Musselin). Die ärmellosen Kleider waren hoch unter der Brust gegürtet. Die griechischen Sandalen ließen die lackierten Fußnägel und die goldenen Ringe an den Zehen gut zur Geltung kommen. Ein weiter Kaschmirschal, ein Beutel an langen Seidenbändern (Ridikül) und lange Handschuhe ergänzten die Bekleidung.

Der Mann blieb bei seinem „Revolutionsfrack" mit hohem Mantelkragen und bis an den Mund gebundenem Halstuch, dazu Kniehosen mit langen Stiefeln oder Schuhen und einem Knotenstock.

Von den gemäßigten Bürgern wurden schlichte, uniformähnliche Kleidungsstücke getragen.

***Frisuren im „Partnerlook"**, klassisch ungeordnet, um 1800*

***Römisches Vorbild: Zopfgeflechte** um 1798 in gestreckter griechischer Form. Lockenfransen und Blumenschmuck mit Schleifen geben einen festlichen Charakter*

***Merveilleusen-Frisur 1797.** Die „Wunderbaren" des Direktoriums tragen auch kunstvolle Frisuren. Papillotierte Haare werden zu Roll- und Tituslocken ausfrisiert*

***Französischer Bürger um 1798**, nach römischem Vorbild frisiert mit Backenbart*

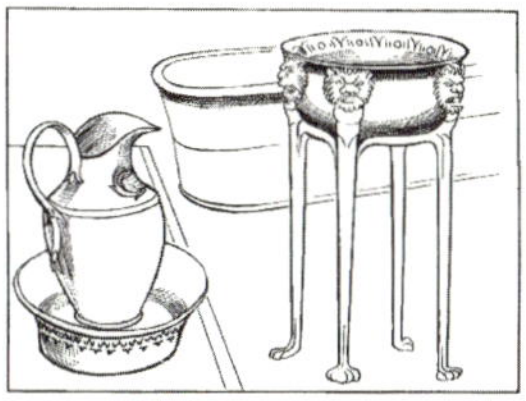

***„Altar der Reinlichkeit"** der Kaiserin Joséphine*

***Madame Recamier,** 1777–1849, nach griechischem Vorbild frisiert*

***Bonaparte** um 1798, mit Frisur der nachrevolutionären Zeit*

***Königin Luise** um1794, römisch/griechisch frisiert*

***Frisierszene** um 1800, die Einlegetechnik verlangte Papilloten und Papillotiereisen*

Filmtipp

- *Yves Simeneau,* Napoleon, ZDF, 4 Teile, auf DVD 2003 Film zeigt das gesamte Leben Napoleons, also auch die Zeit vor und nach dem Direktorium

Aufgaben:

1. Welche Umstände und Ereignisse führten zur Französischen Revolution?
2. Was wollten die Revolutionäre mit ihrem Ruf nach „Freiheit, Gleichheit und Brüderlichkeit“ im Einzelnen ausdrücken?
3. Welche Gründe gab es für ungeordnete und künstlich verwilderte Frisuren?
4. Welche Stilepochen kehrten zu den Formen der Antike zurück?
5. Versuchen Sie den Text der französischen Nationalhymne „La Marseillaise“ in deutscher Übersetzung zu erhalten.

Sie: nach antiken Vorbildern Tituskopf oder griechische Frisuren.
Zumeist blondfarbige Perücken.
Modische Übertreibungen, die „Wunderbare“.
Er: Tituskopf oder gewellte, kurze, scheitellose Frisuren.
Backenbart, sonst glatt rasiert.
Stutzerhafter Übertreiber, der „Unglaubliche“, Revolutionär (zottellang) mit dem Haarschopf der nachrevolutionären Zeit.

Konsulatszeit 1799 – 1804 / Empire 1804 – 1815

Bonaparte kehrte von seinen Feldzügen siegreich als General 1799 zurück und stürzte das bald unfähig gewordene Direktorium. Nach römischem Vorbild ließ er sich darauf zum ersten Konsul ernennen.
In wenigen Monaten schuf er durch sein Organisationstalent Ordnung in Frankreich.

Die **Konsulatszeit** zeigte Frisuren und Kleider weiterhin nach klassischen Vorbildern. Doch traten jetzt schon wieder einflussreiche Damen mit Perücken auf. Als Madame Tallin 1796 in einem Salon mit schwarzer Perücke erschien, war das der Anlass zur Nachahmung. In den folgenden Jahren trugen immer mehr Damen schwarze und braune Perücken, die nur für den Abend aufgesetzt wurden. Für den Tag bevorzugte man hellblonde Nuancen. Griechisch oder römisch anmutende Frisuren wurden für den Abend aus dem Tituskopf abgewandelt. Bei dem 12 – 15 cm langen Eigenhaar ging das nur mithilfe von angesteckten Haarteilen.

Diese nachgeahmte Frisur des römischen Kaisers erfreute sich noch lange Zeit großer Beliebtheit und war die Standardfrisur der Herren bis in die Zeit der Freiheitskriege und des Wiener Kongresses 1815.

Das Empire. Am 2. Dezember 1804 fand die feierliche Krönung Napoleons I. zum erblichen Kaiser statt. Der als römischer Imperator auftretende Kaiser forderte den modischen griechisch-römischen Stil seiner Zeit.

Die von eifrigen Archäologen ans Tageslicht gehobenen antiken Schätze bildeten die Vorlagen auch für die Innen- und Außenarchitektur der Kaiserzeit.

Das Empire wurde zum großen Stil des napoleonischen Kaiserreichs. Der Louvre erhielt klassizistische Bauelemente, und der römisch nachempfundene große Triumphbogen sollte errichtet werden.

In Berlin vollendete Langhans das Brandenburger Tor in den strengen Formen eines klassizistisch dorischen nachempfundenen Stils. Königin Luise von Preußen symbolisierte gegenüber dem „Cäsaren“ Napoleon das gekrönte Haupt eines Landes, das sich an griechischen Vorbildern orientierte.

Die Frau
Durch die Frisur wurde nach antikem Vorbild der Hinterkopf betont. Schlangen-, Titus-, Sechser-,

Uniformen herrschen um 1800 vor. *„Ihre“ lockigen Frisuren bedeckt ein kleiner Schutenhut Die Kleidung ist griechisch mit hoch gegürtetem, weit ausgeschnittenem Hemdkleid. Der spanische Mantelschal unterstreicht die fließenden Linien*

Perückenmacherin *um 1810, in hoch gegürtetem hemdähnlichen, griechisch nachempfundenen Gewand mit leicht asymmetrisch geformter Frisur*

Frisuren der Konsulatszeit, *1799 – 1804, lassen noch die Merveilleusen, jedoch mit griechisch-römischer Silhouette, erkennen. Typischer Schmuck sind Straußenfedern und zarte Stoffe, in Titus- und Schlangenlocken frisiert*

***Schmuckkämme** aus der Zeit des Empire*

***Königin Luise von Preußen,** 1797, griechisch frisiert. Vom Hals her ist ein Schleier im Knoten verarbeitet*

***Römischer Tituskopf** wird ab 1813 wieder bevorzugt getragen. Halsbinde und ein stehender Kragen sind den Uniformen entlehnt*

Tellerlocken gaben den Frauen anmutige und harmonische Frisuren. Gerne wechselte man die Form und Farbe. Das war mithilfe von Perücken, „Zweitfrisuren", möglich.
Die erste Gemahlin Napoleons, die schöne Kaiserin Joséphine, führte kostbare Brillantdiademe und den antiken Schleier als Haarschmuck ein. Andere Hofdamen trugen, angeregt durch Napoleons Kämpfe im Vorderen Orient, Turbane, zarte Federbüsche oder kostbare Perlen und Edelsteine auf kurzen Tituslocken. Eine griechisch wirkende Frisur der sparsamen und gütigen Königin Luise von Preußen, 1776–1810, umschmeichelt mit typischem Tüllschleier Frisur und Hals.

Der Mann

Die Soldaten trugen eine Art Windstoßfrisur à la Napoleon. Daneben sah man in Preußen den gelockten Tituskopf mit ausgeprägten Koteletten. Aus Protest gegen Napoleon trug der deutsche Student das Haar „altdeutsch" lang.

Körperpflege

Durch das Vorbild des Kaisers Napoleon, der auch während seiner Feldzüge nicht auf das tägliche Bad verzichten wollte, blieb die Reinigung der Haut mit Wasser und Seife Grundlage der Körperpflege. Schminke und Puder wurden nur sparsam verwendet. Dagegen stieg der Gebrauch an Parfüms und Toilettewässern.

Kleidung

Napoleon I. legte großen Wert darauf, dass der Hof abwechslungsreich und mit ausgesuchter Eleganz gekleidet war. Das helle, zarte „Chemisenkleid"[1] des Direktoriums mit sehr hoher Taille und tiefem Ausschnitt wurde bei Hofe ergänzt durch einen Schleppenumhang, einen hoch stehenden, steifen Spitzenkragen und den beliebten Schal aus Kaschmir oder Seide sowie lange Handschuhe. Königin Luise kleidete sich griechisch.

Das bevorzugte Kleidungsstück der Herren war die Uniform. Aber auch die Kniehosen à la Rokoko, ein reich gestickter Rock mit Schärpe und ein spanischer Mantel gefielen.

[1] Chemise: französisch, Hemd

Friederike und Luise, Prinzessinnen von Preußen, *griechisch gestaltet von Johann Gottfried Schadow, 1764–1850. 1958 waren wieder Frisuren à la Friederike modern*

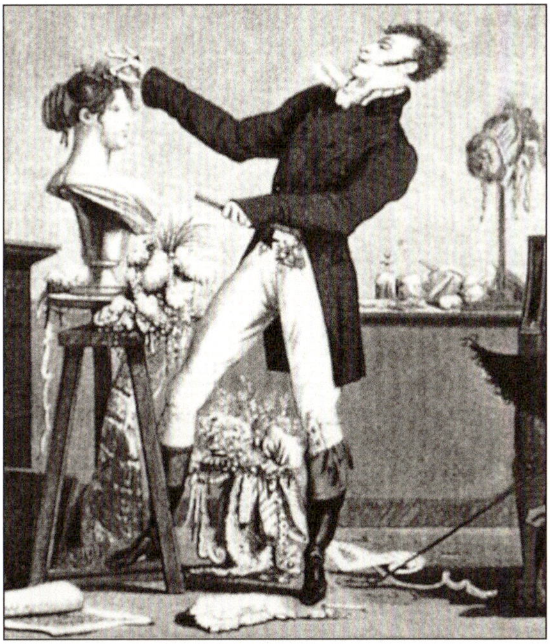

Der Damenfriseur im Atelier *lässt sich von entdeckten griechischen Plastiken anregen, um 1810*

Napoleon Bonaparte, *1769–1821, Kaiser von 1804 bis 1814. Die „Cäsarenfrisur" verrät sein Vorbild. In der Revolutionszeit noch langes Haar (vgl. Seite 56)*

Filmtipps
• *Simon Langton,* Pride & Prejudice, GB 1995 • *George Cukor,* Die Kameliendame, USA 1936

Aufgaben:
1. Wie viele Jahre liegen zwischen der Erhebung des französischen Volkes gegen die verpönte Monarchie und der Krönung des neuen Kaisers?
2. Welche Bekleidungsstücke des Mannes waren aus dem Rokoko „entliehen"?
3. Wie wirkte das Vorbild des Kaisers auf die Körperpflege?
4. Welche Frisuren der Nachrevolution wirkten und wirken anregend auf die Gestaltung moderner Frisuren?

Sie: in der Konsulatszeit Tituskopf.
Im Empire Haarlocken; Diademe, Perlen, Edelsteine, künstliche Blumen, Bänder und Schleier.
Perücken, Blond begehrt; Turbane oder Federputz.
Er: „Windstoßfrisur", ab 1813 Koteletten, Tituskopf, „Protestfrisuren".

Restauration 1815–1820 / Biedermeier 1820–1848

***Wiener Kongress**, 1814/15. Fürsten und Minister versuchen die Länder Europas nach den Feldzügen Napoleons neu zu ordnen. Die Herren tragen bezeichnenderweise die Kniehosen und weißen Strümpfe der Rokokozeit. Windstoßfrisuren, Tituslocken und Koteletten erinnern jedoch an das Direktorium*

***Annette von Droste-Hülshoff**, Dichterin, 1797–1848*

***Biedermeierfrisur** mit Dreieckscheitel, zum Aufstecken von Haarteilen vorbereitet. Drei feste Punkte sind erforderlich, um Haarteile wie auf Seite 63 anbringen zu können*

In der **Restauration** versuchten die verarmten deutschen Fürsten nach der Verbannung Napoleons im Juni 1815 z. T. Puder, Zopf und Perücke des Rokoko wieder einzuführen. Vor allem sollten die vorrevolutionären Verhältnisse wieder hergestellt, d. h. restauriert werden.

Freiheitsliebende Bürger lehnten diese politische und auch modische Vergewaltigung „von oben her" ab. Den Soldaten mussten Preise für besonders gut gepflegte Rokokozöpfe ausgesetzt werden, damit sie getragen wurden. So blieb schon der modische Teil der Restauration durch die Parole „Weg vom alten Zopf" in seinen Anfängen stecken.

Ausgangspunkt zur Neuordnung Europas war der Wiener Kongress 1814/15 unter Leitung des österreichischen Fürsten Metternich. Während des Kongresses mit seinen Tanzveranstaltungen entwickelte sich in Wien der erste bürgerliche Kunststil, der neben der Frisur und Kleidung auch die Innenarchitektur prägte: das Biedermeier.

Nach Napoleons Kriegen strebte der Bürger zur beschaulichen Häuslichkeit im Stil eines gemütvollen, biederen Bürgertums, von Spitzweg und Richter liebevoll gemalt und gezeichnet. Ein Hang zur Romantik, mit Vorbildern aus der deutschen Geschichte, beeinflusste die Kunst. In der Baukunst breitete sich der klassische Stil weiter aus. Mit der Zeit wurden Stilelemente aus der Romanik und der Gotik aufgenommen.

Die Frau

Im Frühbiedermeier, 1820 – 1835, bevorzugten die Damen Frisuren ohne geschichtliche Vorbilder. Außer dem kurzen glatten Mittelscheitel wählte man Dreiecksscheitel, Zungenscheitel in V-Form, Schrägscheitel oder einen Querscheitel zur Aufteilung der Frisur. Daraus ergab sich mit einem kurzen Mittelscheitel der T-förmige oder Y-förmige Scheitel. Das Haar wurde pomadisiert, glatt gebürstet und in Höhe des Wirbels abgebunden. Jede Seitenpartie zierte ein duftiger Lockentuff. Ein Schildpattkamm stützte bisweilen den Haaraufbau von hinten ab, sodass die Silhouette Ähnlichkeit mit dem Kopf einer Giraffe hatte, die erstmals im Pariser Zoo gezeigt worden war.

Annette Freiin von Droste-Hülshoff, als Dichterin bekannt durch „Die Judenbuche", ist mit typischen Biedermeierfrisuren abgebildet worden.

Im Spätbiedermeier ab 1835 entstanden auch flachere Frisuren, bei denen sich der

Frühbiedermeier, *1820 bis 1835. Bürgerlicher Schnitt der Kleidung, gepaart mit Wiener Eleganz.*

Asymmetrische Frisur *um 1830 mit Schrägscheitel*

Schwerpunkt aus einem Zungenscheitel, *nach hinten verlagert, um 1840*

Geflochtener Blumenkorb *(1835) mit Schlupfen, einem Hohldreher und Schmuck*

Mittelscheitel über den ganzen Kopf zog und teilweise bis in den Nacken verlief. Ohrenschnecken, flache Knoten am Hinterkopf, Korkenzieherlocken oder Ringelflechten gaben der Trägerin etwas Tugendsames, „Hausbackenes“.

Ballfrisur um 1833 *mit kostbarem Schmuck und Federn eines Paradiesvogels an kunstvoll geschlungenen Schlupfen. Mittel- und Querscheitel in T-Form ermöglichen das Festlegen der Schwerpunkte*

Die Rückansicht *zeigt, typisch für alle Frühbiedermeierfrisuren, den flach gehaltenen Hinterkopf, wodurch ein schlanker „Giraffen“-Hals betont wird. Haarersatzteile ergänzen das eigene Haar*

Der Friseur *mit Assistentin im Hause einer vornehmen Kundin*

Da der Friseur für die Gestaltung dieser Frisuren etliche Haarersatzteile benötigte und auch „Frau Jedermann“ die Mode mitmachte, blühte der Haarhandel. Die angesteckten Lockentuffs und Korkenzieherlocken zu beiden Seiten der Frisur waren tressiert, vernäht und gekraust. Gekordelte Zöpfe oder Zopfgeflechte ergänzten den Aufbau. Das Zopfgeflecht einer Abendfrisur „Altwien 1830“ war z. B. 13-teilig geflochten. Die großen Schlupfen wurden zumeist aus dem Eigenhaar geformt.

Der Mann

Der Kavalier ließ sein halblanges, meist scheitelloses Haar krausen und pomadisieren. Dazu trug er lange Koteletten (Backenbart) und höchst selten ein Schnurr- und Kinnbärtchen.
Die Herren Offiziere scheitelten das Haar gerne bis in den Nacken und ließen den Scheitel oftmals zu einer schmalen Spur ausrasieren. Die Schnurrbärte mussten im Salon ihres Friseurs geformt und gekräuselt werden.

Körperpflege

Die Haut wurde auf natürliche Weise gepflegt. Schminke oder farbige Puder lehnten die Damen durchweg ab. Nur für die Ballfrisuren war etwas Puder oder sogar Silber- bzw. Goldstaub erlaubt. An Wohlgerüchen bevorzugte man Lavendel, Rosmarin oder Rosenduft.

Kleidung

Ein Häubchen bedeckte daheim die Frisur der **Frau,** auf der Straße der Schutenhut mit breiten, farbenfrohen Bindebändern, und für den Ball erfanden die Putzmacherinnen immer neue und schönere Hutformen aus Spitzen, Bändern, Blumen und Federn.

Die komplizierten Kopfbedeckungen aus Reisstroh, Rosshaargarngeflecht, Plüsch, Seide oder Atlas belebten vor allem die Hutmetropole Wien. Von hier gingen die kunstvollen Anordnungen in alle Welt. „Beute der Flora“ hieß eine Zusammenstellung von Laubranken, Röschen, Maßliebchen und vielerlei Feldblumen, die nicht nur auf dem Hut, sondern auch als selbständiger Haarschmuck getragen wurden. Ein passender Korb aus geflochtenen Haaren stellte die Verbindung dazu her.

Das Ballkleid, aus leichten Geweben wie Batist, Musselin, Organdy oder Seidentüll gefertigt, zeigte einen weiten, knöchellangen Glockenrock, den 4 bis 5 gesteifte Unterröcke stützten. Es war wie in der Rokokozeit mithilfe eines Korsetts recht eng geschnürt (Wespentaille)

***Schutenhüte** bleiben seit dem Direktorium bis in die Frühbiedermeierzeit*

***Übergang vom Früh- zum Spätbiedermeier** mit nach hinten verlagertem Schwerpunkt aus einem T-förmigen Scheitel, um 1840*

***Aufbau einer Frühbiedermeierfrisur** (s. S. 59) Ein stützendes Gestell aus federndem Draht, am Bund befestigt, wird mit Haarkrepp versehen. Das abgebundene Deckhaar, an der Innenseite toupiert, ist anschließend auf das Gestell zu bürsten. Der Bund wird dann mit einer Haarsträhne oder Flechte umwunden*

***Spätbiedermeierfrisur** (1835–1848) mit Madonnenscheitel, Korkenzieherlocken oder Schnecken und flachen Haarknoten*

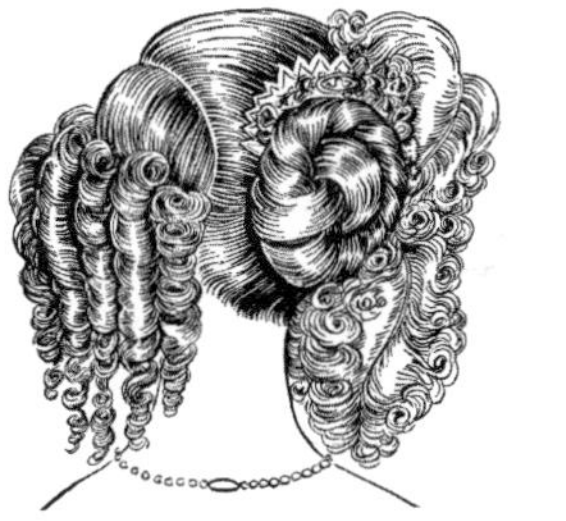

***Rückseite der Frisur** mit dem asymmetrischen Verlauf des Scheitels und Schmuckkamm sowie Straußenfedern am Knoten des Hinterkopfes*

und erreichte in den sog. Elefanten- oder Hammelkeulenärmeln wieder eine große Breite (Eieruhrform). Das übertrieben breite Format der Figur wurde durch üppige Schultervolants unterstrichen. Reizvoll wirkte der klein gestreifte, geblümte oder karierte Glockenrock, der anmutig mit vielen Bandschleifen garniert war. Darunter schauten zierliche Stiefeletten hervor.

Die Mädchenkleider ließen auch die bis an die Knöchel reichenden Spitzenhöschen sehen.

Flache farbige Schuhe, ein Sonnenschirm und lange Handschuhe zierten die Frau der Biedermeierzeit.

Der Mann trug einen farbigen langschößigen Frack, hohen Stehkragen (scherzhaft Vatermörder genannt), bauschiges Halstuch, geblümte Weste, karierte oder gestreifte enge Hosen mit Steg, einen Ebenholzstock mit Silberknauf und einen grauen hohen Zylinder.

Die Eleganz des vornehmen Herrn kam in den glänzenden, seidenen Revers und besonders in der tief liegenden, engen Taille zum Ausdruck. Um das zu erreichen, diente ein Korsett.

Daheim schlüpfte Herr Biedermeier in einen bestickten Schlafrock und setzte dazu ein gemustertes, farbenfreudiges Käppchen auf.

Karl Spitzweg, der Malerpoet, schilderte in seinen Gemälden schrullige Käuze, die ein beschauliches Dasein führten, z. B. „Der Bücherwurm", „Der Poet" und „Der Kakteenfreund".

***Flechtfrisur** um 1840 mit betonten Seiten und einem Y-förmigen Scheitel der Frühbiedermeierzeit*

***Relief einer Dame** des Spätbiedermeier um 1846, die Form des Scheitels ist T-förmig*

***Englische Frisur** um 1845 mit ausgezogenen Seiten und typischem Schnauzbart*

***Herrenfrisur** mit betonten Seitenpartien und Kinnbart, um 1848 zum Ausklang der Biedermeierzeit*

***Haartrockner** mit Spiritusbrenner*

***Franz Schubert,** 1797–1828, Komponist der Romantik. Natürlich gelocktes Haar unterstreicht den gefühlvollen Charakter*

***Scherenschnitt.** Schülerarbeit zur Dekoration im Frisiersalon*

***Flechte,** fünfteilig, für verschiedene Frühbiedermeierfrisuren. Versuchen wir es einmal mit Wollfäden*

Aufgaben:

1. Restauration heißt übersetzt „Wiederherstellung". Was sollte in dieserZeit wieder hergestellt werden?
2. Hören Sie sich Werke von Schubert, Beethoven oder anderen Komponisten der Biedermeierzeit an.
3. Versuchen Sie eine Frühbiedermeierfrisur, z. B. am Übungskopf, nachzuformen.
4. Welche Frisuren der letzten Modeproklamationen unserer Zeit erinnern an Formen der bisher beschriebenen Haartrachten?
5. Sammeln Sie Bilder aus der Schönheitsgalerie Ludwigs I. von Bayern.
6. Zur Wiederholung: Beschreiben Sie oder zeichnen Sie, wie die Darsteller in „Die Hochzeit des Figaro" von Mozart gekleidet und frisiert sind.
7. Warum sagt man, wenn etwas als überholt oder rückständig gilt, es sei ein alter Zopf?
8. Fassen Sie die bisher beschriebenen Stilepochen nach folgender Übersicht zusammen.

Filmtipps

- *Werner W. Wallroth,* Hauptmann Flori an von der Mühle, DDR 1968
- *Werner Herzog,* Karpar Hauser, D 1974

Sie: Frühbiedermeier, 1820 – 1835: kurzer, glatter Mittelscheitel. Schrägscheitel, Dreiecks- bzw. V-förmige Scheitel; hohe, oft asymmetrische Frisuren mit pomadisierten „Schlupfen", seitlichen Lockentuffs; gelegentlich große Straußenfedern, Schildpattkämme; Schutenhut und Häubchen.
Spätbiedermeier, 1835 – 1848: flachere Frisuren, längerer Mittelscheitel, flacher Knoten am Hinterkopf, Schnecken oder Korkenzieherlocken; viele Haarersatzteile in der Früh- und Spätbiedermeierzeit.
Er: halblanges, mit Eisen gelocktes pomadisiertes Haar, Koteletten; selten mit Scheitel oder Bärtchen; grauer Zylinder.

Name der Epoche	Zeitabschnitt	Berühmte Persönlichkeiten	Frisuren der Frau	Frisuren des Mannes	Körperpflege	Kleidung
....	....	....	....	....	....	....

Zweites Empire (2. Rokoko) 1848 – 1870

***Elternpaar** um 1850. Spitzenhäubchen und Umschlagtuch wirken recht matronenhaft, die Uniform dagegen soldatisch männlich. Die Mode des Biedermeier bleibt in Details vor allem in der Kleidung der Kinder noch lebendig. Die geschweiften Formen der Möbel sind dem Rokoko nachempfunden. Anstelle heller Stoffe und in Gold abgesetzter Farben bevorzugt das 2. Empire dunkles Mahagoni und grünen Velours*

***Kaiserin Elisabeth von Österreich,** 1805 – 1873, in prächtiger Fülle ihres gold-braunen Haares mit wirkungsvollen weißen Blüten*

Die Revolution von 1848 fegte das Biedermeier hinweg. Den Zeitgeist bestimmten die Naturwissenschaften und die Technik, die Lehre von Marx und Engels über den Materialismus und Sozialismus sowie die Gründung einer parlamentarischen Volksvertretung (Paulskirche 1848). Die Menschen waren überwiegend nüchtern und realistisch eingestellt. Nach dem Biedermeier gab es keine geschmacklich einheitliche Epoche mehr. In einem sog. Jahrmarkt der Stile, dem **Historismus**[1], wurde vieles wiederholt. So gab es eine Neugotik, Neurenaissance, ein Neubarock und ein Neurokoko. In der Malerei führte der Stil von der Romantik zum Realismus und Naturalismus. Die Zeit der schönen Kaiserin

[1] Historismus von etwa 1840 bis 1890, in der späten Phase auch Gründerzeit, pompöses Zeitalter, wilhelminische Ära und viktorianischer Stil nach der Königin von England genannt

Elisabeth von Österreich und der spanischen Gemahlin von Napoleon III. bildete in der Mode- und Frisurenkunde einen hervorragenden Abschnitt. Diese Epoche wurde Zweites Empire genannt. Die Kleidermode orientierte sich am Stil des Rokoko. Deshalb spricht man auch vom 2. Rokoko.

Die Frau
Modisch gesehen trat nach den Unruhen 1848 keine wesentliche Änderung ein. Erst als die Kaiserin Eugénie zu ihrer Hochzeit 1853 mit einer neuen Frisur auftrat, wurde damit ein Modewandel eingeleitet. Der Hoffriseur Leroy hatte statt des bis dahin getragenen glatten Scheitels mit betonten Seiten das Stirnhaar, zu einer schmalen Borte gepufft, leicht nach hinten genommen. Das unterstrich das große kronenartige Diadem. Zum Nacken hin war der Hinterkopf von einem vollen Flechtenarrangement kunstvoll bedeckt. Zu beiden Seiten fielen lange Stocklocken anmutig über die Schulter.

Das leicht zurückgekämmte Haar lief häufig in einem Chignon aus oder in Hängelocken, die Schultern und Nacken gefällig bedeckten.

Die Skala des Haarschmucks reichte von künstlichen Blumenarrangements, Samt- und Seidenbändern, Haarnetzen aus Gold- und Silberfäden bis hin zum glänzenden Tautropfen aus Edelsteinen.

Durch diese Mode blühte weiterhin der Haarimport aus der Bretagne, der Normandie, Schweden, Polen, Italien und China. Das schöne goldblonde Haar der Kaiserin Eugénie entzückte die Damenwelt. Viele elegante Frauen in Europa versuchten mithilfe des gerade entdeckten H_2O_2 und einem „Schuss" Salmiakgeist die Haarfarbe der Kaiserin nachzuahmen. Pulverisierte rote Ziegelsteine oder Goldstaub zauberten überdies interessante Effekte hervor.

Kleidung
Der weite Glockenrock wurde seitlich schmaler, lud aber nach hinten weit aus und musste durch Rosshaar (franz. crin), später sogar durch Stahl oder Fischbeingestelle gestützt werden. Diese sog. Krinoline blieb bis etwa 1870 in Mode. Sie war wie im Rokoko mit Volants aus Spitzen und Schleifen reichlich verziert und hatte auch eine Art Wespentaille. Große Kaschmirschals, Umschlagetücher oder kleine Seidenmantillen schützten vor Witterungsunbilden. Der kleinere Kapotthut mit Bindebändern unter dem Kinn löste etwa 1860 die große Schute ab.

Ein Chignon: *spr. Schinjon = Haarersatz für den Hinterkopf, in Hängelocken ausfrisiert und im Nackenhaar befestigt. Hier ein Muster der auf einen Blumendraht und zwei Fäden gearbeiteten und vernähten Tressen*

Kaiserin Eugénie *in schlichter Frisur um 1853. Ein stehender spanischer Kamm mit Schleifen und Blüten als Stütze und Schmuck*

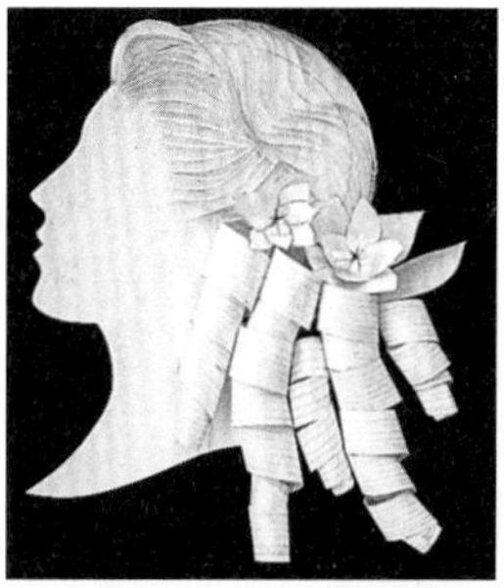

Im Gestaltungsunterricht *mit Papier „frisiert"*

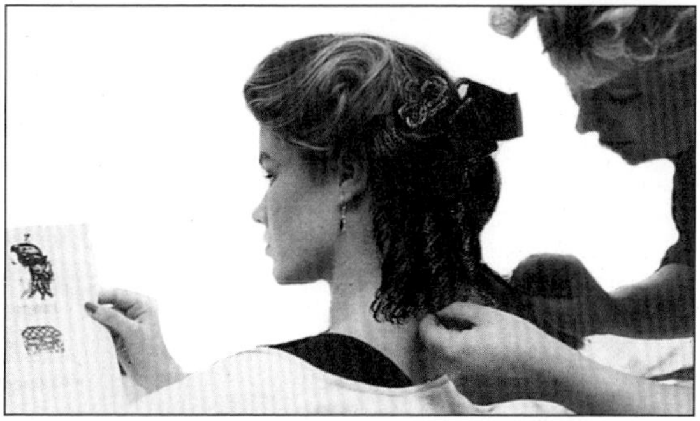

Frisur à la Eugénie, *modern nachempfunden im Fachstudium der Universität Hamburg zur Ausbildung von Gewerbelehrern*

In der Pariser Opernloge. *Frisuren mit Seidenbändern à la Lamballe oder mit Kunstblumen, in denen kostbare Steine wie Tautropfen funkeln, sowie griechisch anmutende Diademe verdeutlichen die Vorliebe des 2. Kaiserreichs fürLuxus und Verschwendung. Die Wespentaille der Rokokozeit und die ausladende Krinoline zeigt die Dame im Hintergrund um 1860*

Die Wespentaillen *sind ein Schönheitsideal, für das sich die Frauen mühsam in eng geschnürte Korsetts quälen*

Gehrock, gestreifte Hose und gewürfelte Weste *mit Binder bleiben mit einem hohen Zylinder bis 1870 in Mode*

Die geschwungenen Rokokoformen der Möbel (im Gegensatz zu den monumentalen Möbeln des Empire und zu den geradlinigen, einfachen Formen des Biedermeier) und die **Frauenkleidung** haben dieser Epoche den Namen 2. Rokoko gegeben.

Der Mann

Er bevorzugte den Offiziersrock der Empirezeit oder den auf Taille gearbeiteten langschößigen Gehrock und bei festlichen Anlässen den Frack. Aus England kam um 1870 das schmucklose, einfarbige Sakko (Herrenjackett). Belebten bisher farbenfrohe Westen und karierte oder gestreifte Hosen die Herrenmode, so blieb es etwa der Jahrhundertwende vorbehalten, uns mit Rock, Weste und Hose aus dem gleichen Material zu erfreuen.

In der Zeit des 2. Kaiserreichs blieb man bei der Windstoßfrisur Napoleons I. Bilder aus jenen Jahren zeigen daneben stark aufgebauschtes, gelocktes und pomadisiertes Schläfen- und Nackenhaar, Backenfransen à la Franz Joseph I. und manchmal einen gezwirbelten Schnurrbart.

Um diesen Bart in Form zu halten, wurde eine Bartwichse verwendet, die es erlaubte, dass er waagerecht zu den Seiten sehr spitz auslief. Wenn die Spitzen über die Konturen des Gesichts hinausragten, war der erstrebenswerte Eindruck erreicht. Den preußischen Beamten wurde schon 1846 das Schnurrbarttragen offiziell verboten. Am Bart erkannte man offenbar die Männer als Umstürzler; ganz sicher aber an der schwarz-rot-goldenen Kokarde sowie am weiten, zerdrückten Schlapphut, wie beim bärtigen Karl Marx. Königstreue blieben bartlos, trugen flache Filzmelonen oder Strohhüte.

Zum Handwerkszeug des Herrenfriseurs kamen jetzt verschiedene Kräuseleisen, so genannte Barteisen, für die Formung des Bartes. Sie waren ähnlich wie Onduliereisen konstruiert, nur kleiner mit flachen Schenkeln.

In jedem Herrenfriseurgeschäft, das auf gepflegte Bedienung Wert legte, gab es Vorrichtungen zur Desinfektion von schneidenden Werkzeugen, Bürsten, Pinseln und Kämmen.

Körperpflege

In der Mitte des 19. Jahrhunderts hatte sich viel Unnatürliches, ja Ungesundes eingeschlichen, z. B. das Einschnüren des weiblichen Körpers zur Wespentaille, die Furcht vor Sonne und Licht, überheizte Räume, deren Fenster und Portieren geschlossen blieben, der Wunsch nach übergroßer Schlankheit und einem fast bleichsüchtigen Teint. Zwar war es „schick", ein Seebad zu besuchen. Aber noch hatte man nicht die Scheu überwunden, ein wirkliches Bad zu nehmen. Dazu waren auch die Badekostüme kaum geeignet.

Fahrbare Badekabinen dienten den Badenden zum Umkleiden. Man planschte vorsichtig, und ganz mutige „Schwimmerinnen" wagten sich auch in knietiefes Wasser vor. Badewannen waren immer noch sehr knapp.

***„Badenixen"** um 1850 mit „schicken" Anzügen*

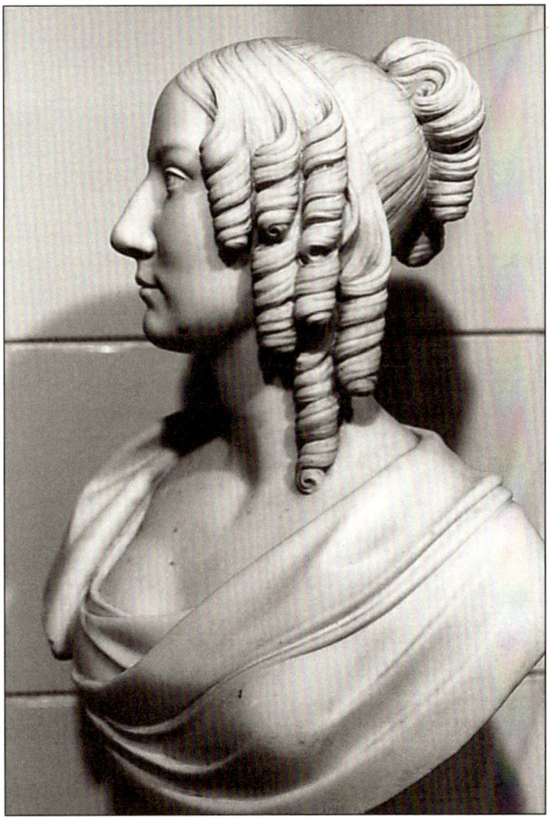

***Die Verbindung von Stilelementen** des späten Biedermeier zum Zweiten Empire zeigt diese Steinmetzarbeit in Marmor*

***Kaiser Franz Joseph I.**, 1848–1916, in breitem Backenbart, modisches Vorbild vieler Männer*

***Napoleon III.**, 1808–1873, Neffe Napoleon Bonapartes, mit „gewichstem" Schnurrbart*

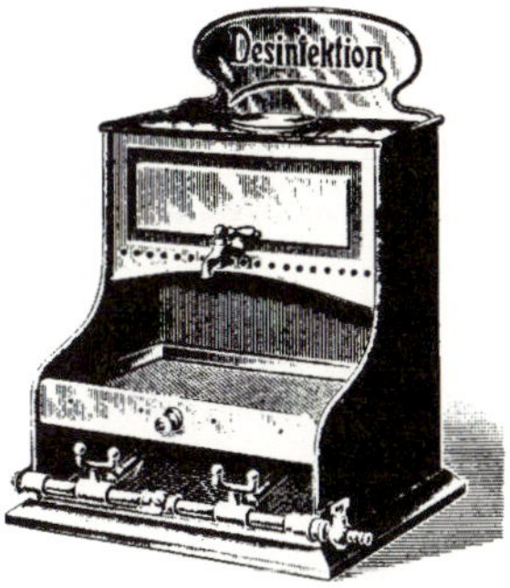

***Desinfektionsgerät** um 1900. Mithilfe einer Gasflamme und einer Schale für Desinfektionslösungen wurden Desinfektionen ermöglicht*

***Kaiserin Eugénie** im Kreise ihrer Hofdamen um 1850. Ausschnitt nach einem Gemälde von F. X. Winterhalter. Die Frisuren- und Kleidermode der Damen lässt noch Elemente des späten Biedermeier erkennen, die geschmackvoll im Stil des Zweiten Empire verschmelzen*

Aufgaben:
1. Warum können wir von einer „Wiedergeburt" des Empire um 1848 sprechen?
2. Was unterscheidet das Bleichen der Haare im Zweiten Empire vom Blondieren unserer Tage?
3. Stellen Sie eine Sammlung der bisher dargestellten Barttrachten zusammen.
4. Vergleichen Sie Frisuren des Zweiten Empire mit Frisuren des Rokoko und Empire.
5. Warum wurden Haar- und Barttracht wieder einmal zum Ausdruck politischer Gesinnung?

Filmtipps
- *Ernst Marischka,* Sissi, Ö 1956
- *Luchino Visconti,* Ludwig II, D, ITA 1976

Sie: blonde oder rotblonde Frisuren, Vorbild Kaiserin Eugénie; Chignon oder Hängelocken und gewelltes Haar, Haarersatzteile, Haarnetze und Haarschmuck; H_2O_2 und Salmiakgeist als Bleichmittel, Haarpuder aus roten Ziegelsteinen und Goldstaub.
Er: Windstoßfrisur oder lockige Seiten- und Nackenhaare mit langen Koteletten. Monarchisten bartlos, politisch Andersdenkende Schnurrbart, teils mit Kinnbart.

Stile	1	2	3	4	5	6	7	8	9	10	11	12
I	×	×	×	×	×	×	×	×	×	×	×	×
II	×	×	×	×	×	×	×	×	×	×	×	×
III	×	×	×	×	×	×	×	×	×	×	×	×

Welcher Stil ist im Spiel? *Die Requisiten einer kleinen Bühne reichten nicht aus für ein stilreines Bühnenbild. Übertragen Sie die Tabelle in Ihr Heft. Ordnen Sie die Stile auf dem Testzettel ein. Die römischen Ziffern geben die Zeile der infrage kommenden Stile an, und die zwölf arabischen Ziffern entsprechen den Ziffern im Bild. Sie stellen zwölf Fragen dar, auf die man sich zwischen drei Stilen (I, II, III) zu entscheiden hat*

Gründerzeit 1870 – 1910

Danse à la ville, *Auguste Renoir 1841 – 1919; hervorragende Harmonie von Frisuren, Kleidung und Raumausstattung*

Nach dem Krieg **1870/71** und der Entstehung des Deutschen Reiches wurden zahlreiche Fabriken und andere Unternehmen gegründet. Unter Bismarck und den Kaisern Wilhelm I. und Wilhelm II. erwarb Deutschland Kolonien. Handel und Verkehr wurden in großem Maße ausgebaut. Der Typ des „Neureichen“ entstand. Eine besondere Eigenschaft dieses „Geldadels“ war das Bedürfnis nach Repräsentation. Äußerlicher Prunk sowie das Nachahmen alter Stile kennzeichneten den Historismus. Die Damen der Großbourgeoisie hatten ausschließlich die Aufgabe, mithilfe aufwendiger Garderobe und Schmuck den Wohlstand und Erfolg ihres Gatten zur Schau zu stellen. Die Herrenmode entwickelte sich in entgegengesetzter Richtung, da sie sich immer stärker praktischen Erfordernissen anpassen musste. Neben dem neuen Geldadel entstanden aber auch die ersten Slums und die Schicht der schlecht bezahlten Fabrikarbeiter wuchs. Nur wenige Menschen hatten keine finanzielle Not auszustehen. So kam es zu einer vermehrten Berufstätigkeit junger Frauen, die sonst bis zu ihrer Heirat im Haushalt der Eltern lebten.

Nachdem ab 1860 in den Städten die Zünfte aufgelöst worden waren, schlossen sich 1872 Friseure in Organisationen zur Interessenvertretung zusammen.

Die Frau

1870 – 1880 wurden hohe Frisuren mit vielen Haarersatzteilen getragen. Dazu wurde das Haar auf dem Hinterkopf mit einem ergänzenden Chignon zum Knoten arrangiert. Den angesteckten Zöpfen gab man den Spitznamen „falscher Wilhelm“. Beliebt waren gelockte Stirnfransen wie zur Zeit des Frühbarock. Dafür wurden Teilperücken aus blonden, schwarzen oder roten Haaren verwendet. Diese so genannten Transformationen bedeckten nur die Stirn-, Schläfen- und Nackenpartie, ließen also den übrigen Teil des Kopfes frei. Junge Mädchen trugen gern Wellenscheitel, Pony und am Hinterkopf einen Lockenchignon.

1880 – 1890 frisierten sich die Damen ihre kleinen, unscheinbaren Frisuren größtenteils selbst, evtl. mit einigen

Haarersatzteilen. Mithilfe einfacher Kreppeisen oder mit Schiebern versehener Welleisen gelang das nur unvollkommen.

Gegen Ende des Jahrhunderts war die Hochfrisur kleiner mit schmaler, zum Hinterkopf hin gestreckter Silhouette. Der Chignon am Wirbel wurde zur Schleife oder als Lockentuff gestaltet.Um **1910** verschwanden die hohen Frisuren der Gründerzeit endgültig aus der Mode.

Obwohl um **1890** die Marcel-Ondulation bekannt wurde, bevorzugten die Damen der konservativen Kreise noch gewellte Haarteile. Der zwanzigährige Franzose Marcel Grateau erfand die neue Welltechnik bereits um **1872.** Grateau verdankte seine Erfindung einem Zufall. Beim Experimentieren mit dem üblichen Eisen zog er das Haar nicht wie gewöhnlich über die Kante des runden, sondern über die Kante des hohlen Schenkels des Frisiereisens. Das Ergebnis war eine tief ausgeformte, natürlich aussehende Welle. Um **1900** bescherte die Marcel-Ondulation den Damenfriseuren endlich einen erheblichen Aufschwung, denn viele Frauen ließen sich ihr Haar regelmäßig ondulieren.

Der Mann
Die praktischen, schlichten Kurzhaarfrisuren der Männer wandelten sich kaum. Dennoch war die Frisur als Spiegel der gesellschaftlichen Stellung sehr wichtig. So gab es Anleitungen für die Frisur- und Bartformen einzelner Berufsgruppen. Der Mann von Welt trug pomadisiertes, eng anliegendes Haar mit einem langen, oft bis zum Hinterkopf durchgezogenen Scheitel. Das unter Hut oder Helm hervorschauende Haar wirkte etwas voller. Bei Soldaten wurde das Haar vor allem an den Seiten deutlich kürzer gehalten. Die um **1880** erfundene Haarschneidemaschine unterstützte den Trend zum Kurzhaarschnitt. Interessant wurde die Frisurenmode aufgrund der vielfältigen Kombinationsmöglichkeiten von Frisur- und Bartmode. Letztere erfuhr ihren deutlichen Aufschwung durch das kaiserliche Vorbild Wilhelm I. und Kaiser Wilhelm II. Schnurrbartwichse, Barteisen und Schnurrbartbinde dienten dazu, die spitzen Bartenden steil nach oben zu stellen. Spöttisch nannte man diese Barttracht „Es ist erreicht“.

Körperpflege
Eine von England ausgehende Frauenbewegung kämpfte um **1880** gegen das Falsche und Gekünstelte ihrer Zeit und trat für die Gleichberechtigung von Mann und Frau ein. Diese **Reformbewegung** forderte bequemere,

***Abendfrisur** 1870 – 1880. Hängelocken, Chignon und Haarschmuck bleiben in Mode. Bei Bedarf kommt eine **Transformation** für die Stirnpartie hinzu*

***Dinnerkleider** der Jahrhundertwende*

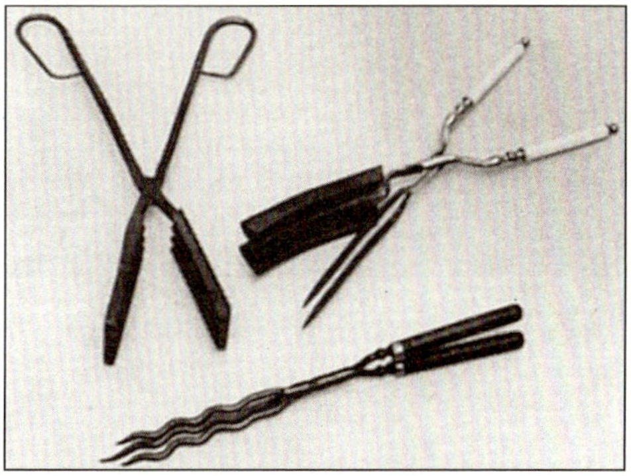

***Onduliereisen** mit natürlich wirkender Ondulationswelle, heute noch unentbehrlich für die Maskenbildner*

__Verschiedenste Bartformen__ wie Spitz-, Knebel-, Voll- und Backenbärte zierten die Herren

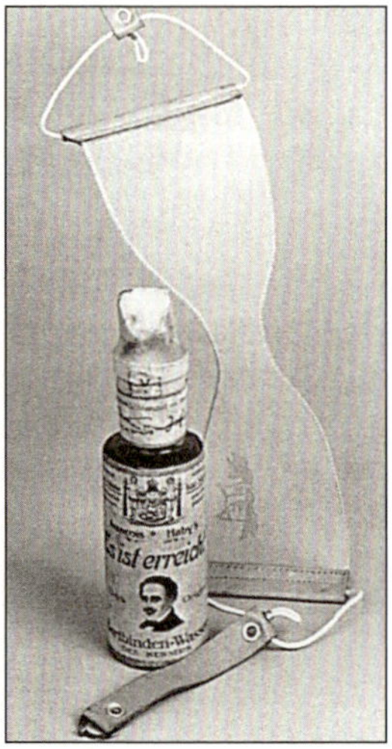

Bartbinde

__„Es ist erreicht“.__ Kaiser Wilhelm II.

gesündere Kleidung ohne Korsett, Sport in frischer Luft und Sonne. Badeanstalten lockten Frauen und Männer noch meist getrennt ins Wasser. Besonders einflussreich waren Zeitschriften, wie „Die Frau“, **1893** von Helene Lange herausgegeben, und die den Namen des Jugendstils prägende „Jugend“. Sportlichen und berufstätigen Frauen kam es sehr entgegen, dass um **1906** das erste Shampoo erfunden wurde, welches eine häufigere und weniger aufwendige Reinigung ermöglichte. Das Schminken wurde den Frauen der Demimonde (Halbwelt) überlassen. Die Verwendung von Lippen- und Wangenrot sowie von Augenbrauenstiften lehnte man als ordinär ab. Lediglich etwas Puder legten die Damen auf, um einen zarten Teint zu erzielen. Als ebenso verrufen galt rotes Haar, das die Damen mit Seife und Pottasche zu bleichen versuchten oder mit „griechischem Wasser“ dunkel färbten.

Kleidung

Statt des Reifrocks trugen die **Damen** den schmalen, am Gesäß gerafften Rock (Cul de Paris) mit Auspolsterung (Turnüre). Trotz der einsetzenden Reformbewegung wurde noch immer das Korsett angelegt. Die Damenkleidung wirkte durch vielfache Verzierungen überladen. Während die Farbigkeit in der Damenmode eine große Rolle spielte, bewegten sich die **Herren** eher in dunklen Tönen. Rock, Weste und Hose aus gleichem Stoff und in legerer Weite waren im Trend. Die Accessoires der Herrenmode bestanden in Zylinder, Melone und im wieder aktuellen „Vatermörderkragen“.

Jugendstil um 1900 – bis zum Ersten Weltkrieg (1914)

In der bildenden Kunst *fand das Haar in vielen Bereichen als Stilmittel Verwendung*

Noch während der Gründerzeit entwickelte sich der Jugendstil. Diese neue künstlerische Bewegung kritisierte Künstlichkeit, Kitsch und Überladenheit des Stilgemisches und löste sich vom Historismus. Die neue Formensprache sollte sowohl schön als auch praktisch sein und erhielt durch die Natur ihre

Turbanfrisur, *getragen von Großherzogin Feodora von Sachsen nebst Großherzog Wilhelm Ernst, um 1910*

Hochfrisur nach 1900, *asymmetrisch hoch onduliert und eingeschlagen, das so genannte deutsche Wagenrad*

Reformerin *um 1902 mit einer toupierten und eingeschlagenen, streng wirkenden Frisur*

Vorbilder. Die typischen Merkmale bestanden in solider, auf Naturformen zurückgehender Handwerksarbeit und wellenartig fließender, linear schwingender Ornamentik. Diese Formen wurden in allen Bereichen des Alltags, so auch in der Mode angestrebt.

Der Konflikt mit den konservativen Kräften des Bürgertums war unvermeidlich und führte schließlich zu einer Demokratisierung der Mode: Um **1910** gab es keine obligatorische Gesellschaftsfrisur mehr.

1897 entstanden in Deutschland Zwangsinnungen, die sämtliche zum Bereich der Körperpflege zählenden Berufe, wie Barbiere, Bader und Heilgehilfen, Perückenmacher sowie Damen- und Herrenfriseure, zusammenfassten. Zugleich wurde eine neue, anspruchsvolle Ausbildungsordnung geschaffen, die das Wissen und Können dieser Berufsgruppen umfasste. Ein Ausbildungsboom und verstärkter Wettstreit setzten ein. Hierbei engagierten sich auch Frauen, die somit ihren nachfolgenden Kolleginnen den Weg ebneten.

Die Frau

Mithilfe der Marcel-Ondulation entstand um **1900** das so genannte „deutsche Wagenrad“, eine ausladende Einschlagfrisur, die insbesondere vom konservativen Großbürgertum getragen wurde.

Diese modische Übertreibung brachte **1902** einen Gegenvorschlag der Reformbewegung hervor: Das lange ondulierte Eigenhaar wurde toupiert und eingeschlagen. Der Kopf wirkte dabei schmal, die Frisur streng.

Allmählich gewann die Haarmode unter dem Einfluss des Jugendstils an Natürlichkeit und Funktionalität. Dafür sorgten junge Frauen des 20. Jahrhunderts, die sich nicht mehr den repräsentativen Aufgaben verpflichtet fühlten. Die schlichte, über dem Kopf zusammengeknotete Alltagsfrisur der berufstätigen Frauen setzte sich in strengerer Form auch in den konservativen Kreisen durch. Der Knoten diente mehr und mehr der Befestigung des Hutes, unter dem natürlich frisiertes Eigenhaar hervorschaute.

Um 1910 mäßigte sich das Volumen der ondulierten Hochfrisuren. Neben der Knotenfrisur blieben die Einschlagfrisuren in verschiedenen Varianten bis zum Beginn des Ersten Weltkrieges bestimmend: die „deutsche Einschlagfrisur“, die nach orientalischem Vorbild gestaltete „Turbanfrisur“ sowie Abwandlungen der schlichten Reformfrisur.

Damenmode 1900: *Vier Damen mit Sonnenschirm*

Der Mann

Während die Reformbewegung des Jugendstils die Mode der Damen stark veränderte, machte sich ihr Einfluss in der Herrenmode nicht bemerkbar.

Zwar entwickelte sich in der Kunstszene ein betont lässiger Stil, der jedoch nicht die allgemeine Mode beeinflusste.

Glatt anliegendes, pomadisiertes, in der Mitte oder seitlich gescheiteltes, kurzes Haar wurde weiterhin zu diversen Bartformen getragen.

Körperpflege

Das Schminken galt in konservativen Kreisen noch immer als unseriös. Das beengende Korsett wurde schließlich verbannt.

Das in allen Bevölkerungsschichten zunehmende Pflegebedürfnis führte zu einem Aufschwung in der Kosmetikbranche.

Kleidung

Noch um die Jahrhundertwende waren in der **Damenkleidung** einteilige Kleider mit kleinen Schleppen modern, die Taille und Schulterpartie betonten. Dazu zierten sich die Damen mit Federn, Schleifen und blumengeschmückten Wagenradhüten, die sie häufig mit einem Schleier am Kopf befestigten. Später wurden lange, fußfreie und bequemere Röcke zu langärmeligen Blusen getragen. Als Ausdruck der wachsenden Emanzipation galten das Reformkleid und das maskulin wirkende Tailleurkostüm.

Um **1912** kamen „Topfhüte" auf. Notwendige Accessoires der berufstätigen Frau waren die Koffertasche und der Schirm.

Kurz vor dem Ausbruch *des Ersten Weltkrieges kündigt sich in der modischen gesellschaftlichen Szene bereits der Bubikopf an.*

Paar beim „Twostep",
Paul Rieth, 1914

Tailleurkostüm

Nach **1900** wurde die **Männerkleidung** weiterhin leichter und legerer. Das Sakko war meist nicht mehr tailliert. Die bisher röhrenförmige Hose bekam nun eine Bügelfalte. Der steife Vatermörderkragen wurde gegen einen schlichten Hemdkragen getauscht. Auf den Köpfen der Herren fand man noch immer den Zylinder, die Melone oder im Sommer die „Kreissäge", einen leichten Strohhut.

Zum Frack oder schwarzen Mantel trug der Herr gern einen weißen Seidenschal, Stock, Handschuhe und Krawatte.

Nach dem Ersten Weltkrieg

Die „goldenen" Zwanzigerjahre (1924 – 1929)

Mittelteil *aus dem Triptychon „Großstadt", Otto Dix, 1927/28*

Die wesentlichen Merkmale des Bubikopfes *waren der kurze Anschnitt im Nacken, das eng an den Kopf frisierte Haar, Ponyfransen oder tief in das Gesicht fallende Haare*

Extrem kurze Abwandlungen des Bubikopfes bestanden im ***Garçon- oder Etonstil.*** *Die Damen gingen in Herrensalons, um sich diese Frisuren in der Herrenschnitttechnik erstellen zu lassen*

Nach dem Ausbruch des Ersten Weltkrieges wurden die Gegensätze innerhalb der Gesellschaft zunächst vergessen. Um **1917** wurden Frauen zum Zivildienst verpflichtet. Sie übernahmen in fast allen Bereichen bis dahin als typisch männlich geltende Arbeiten.

1918 erhielten sie schließlich auch das allgemeine Wahlrecht. Als Kaiser Wilhelm II. 1918 abdankte, übernahm der Sozialdemokrat Ebert die Führung der Weimarer Republik.

Die „goldenen" Zwanzigerjahre (1924 – 1929) waren eher von wirtschaftlicher Not als von Wohlstand gezeichnet. Dem stand jedoch eine ausgeprägte Lebensbejahung gegenüber, die sich im Lebenshunger, dem Drang nach Vergnügungen und nach Veränderungen ausdrückte.

Ab **1928** war der Friseurberuf nicht mehr in Damen- und Herrenfach getrennt. Zukünftige Friseure und Friseurinnen mussten sich einer Vollprüfung unterziehen.

Die Frau

Die maskuline Tendenz in der Frisurenmode wurde nun auch aus hygienischen und praktischen Gesichtspunkten weiterverfolgt. Viele Frauen arbeiteten in Lazaretten, Kasernen und Fabriken, wobei das lange Haar lästig war. Die Amerikanerinnen machten es den deutschen Frauen vor, sie wählten den Kurzhaarschnitt im Pagenstil. Asta Nielsen, eine Größe der Stummfilmzeit, wurde mit dieser Frisur zur Trendsetterin. Die Begeisterung für den Pagenkopf entsprang auch dem großen Interesse an altägyptischen Frisurenstilen, wie der Kleopatrafrisur, die durch Ausgrabungen bekannt wurden. Frauen, die sich nicht durchringen konnten, ihr Haar abschneiden zu lassen, trugen Steckfrisuren, die in ihrer Silhouette dem Pagenkopf sehr ähnelten.

Einige Zeit später brachten Persönlichkeiten wie Coco Chanel und Starfriseur Antoine den Bubikopf in Mode. Nachdem das Abschneiden der Haare seit Jahrhunderten als eine Bestrafung der Frauen gegolten hatte, entschieden sich die Frauen nun selbst für den Kurzhaarschnitt. Der Siegeszug des Bubikopfes war auch gegen den Protest der Männer, der konservativen Gesellschaft und der Kirche nicht mehr aufzuhalten.

Der Mann

Der Herr trug eng anliegendes, pomadisiertes Haar, wobei er das längere Deckhaar nach hinten kämmte oder scheitelte. Das Gesicht blieb nun meist bartlos. Nur ein kleiner englischer Bürstenbart war von der männlichen Zierde übrig geblieben. Die Bürstenfrisur und der Schnauzer Hindenburgs waren insbesondere bei der älteren Generation noch bis in die Dreißigerjahre beliebt und galten als Ausdruck deutschnationaler Gesinnung.

Körperpflege

Mit dem veränderten Selbstverständnis der Frauen setzte sich ein neues Schönheitsideal durch: Statt üppiger Rundungen war eine knabenhaft schlanke Figur mit flacher Brust und breiten Schultern gefragt. Die „Garçonne" zeichnete sich außerdem durch körperliche Fitness und selbstbewusstes Auftreten, z. B. öffentliches Rauchen, aus.

Das Make-up war genauso wichtig geworden wie die Kleidung. Ein blasses Make-up mit wenig Rouge, kräftig geschminkten Lippen, dünn gezupften Augenbrauen und dramatischem Augen-Make-up war erforderlich, um ein leicht verruchtes, vampartiges Aussehen zu erzielen.

***Pomadisierte Herrenfrisur** der Zwanzigerjahre*

***Make-up und Mode** der Zwanzigerjahre geschminkt, frisiert und fotografiert von Schülerinnen der Berufsschule für Friseure, Hamburg*

Generalfeldmarschall Hindenburg

Kleidung

Nachdem die „Kriegskrinoline" aus der Mode gekommen war, rutschte die Taille in den Zwanzigerjahren auf die Hüfte hinab, während der Rocksaum auf Kniehöhe hinaufkletterte. Die Frauen trugen neben den schlichten, gerade geschnittenen Hängekleidern auch gern männliche Kleidungsstücke, wie Sakko, Hemd oder Krawatte. Die Abendkleider waren noch verziert, insbesondere mit Pailletten, Perlen oder Fransen. Weitere typische Accessoires waren der glockenförmige Topfhut, die lange Perlenkette und die überlange Zigarettenspitze. Zur sportlichen **Herrenmode** gehörten gegürtete Jacken, Knickerbockerhosen, ein weicher Filzhut oder die Schirmmütze. Modern wurde der so genannte „Stresemannanzug", der aus einem schwarzen Sakko und einer schwarzgrau gestreiften Hose bestand. Modische Accessoires des Herrn waren das Monokel, die Armbanduhr und ein Gürtel anstelle der Hosenträger.

***Basis für die Wellenfrisur** war die Dauerwelle und die vom Friseur handgelegte Wasserwelle (Marlene Dietrich)*

Frisuren 1941

***Die Olympiarolle** mit tief in den Nacken gezogener, nach oben eingeschlagener Rolle*

***Der Militärschnitt,** an den Seiten durch Maschinenschnitt kahl, das Deckhaar in Streichholzlänge und exakt gescheitelt*

Nach der Weltwirtschaftskrise **1929** kam es in Deutschland **1933** zum Machtwechsel. Adolf Hitler versprach die Verbesserung der Lage und schaffte es, die gespaltene Gesellschaft mit umfassender Propaganda und organisierter Freizeitgestaltung unter seine Führung zu bringen – die jedoch in diktatorischer Herrschaft, Staatsterror, Krieg und Völkermord endete. Auf dem Weg zum „Großdeutschen Reich" führte Hitler Deutschland **1939** in den Krieg gegen Polen.

Die Nationalsozialisten forderten ein schlichtes, natürliches Frauenideal. Die Rolle der Frau bestand in der Versorgung des Haushaltes und dem Gebären möglichst vieler Kinder. Dennoch übten viele junge Frauen weiterhin ihren Beruf aus. In den späteren Kriegsjahren übernahmen sie wieder die Arbeiten der Männer.

Für die Friseure begann mit der wirtschaftlichen Katastrophe ein Existenzkampf: Aufgrund der gelockerten Gewerbeordnung strömten um **1929** viele, meist unqualifizierte Kräfte in den Beruf. Dabei zählte bereits der Umgang mit Blondierpulver, Oxidationshaarfarben und dem Dauerwellapparat zum Aufgabenbereich. Die Heißwelle wurde von Karl Nestler (Charles Nestle) bereits **1906** in London vorgestellt, ohne wirklichen Erfolg zu haben. Den Durchbruch der Dauerwelle erreichte Josef Mayer mit seiner Erfindung der Flachwellwicklung um **1924.** Mit dem Abklingen der Bubikopfmode in den Dreißigerjahren prägte die „Dauerondulation" den neuen Frisurenstil.

Die Frau

Die Frauen lehnten zunehmend die Uniformität des männlich wirkenden Bubikopfes ab. Sie fanden Alternativen mithilfe der Dauerwelle, die den Wunsch nach haltbaren, fülligen Kurzhaarfrisuren erfüllen konnte. Inzwischen variierten die Haarlängen von sehr kurz bis etwa kinnlang. Beliebt waren der lockige Kurzhaarschnitt und die halblange Wellenfrisur à la Marlene Dietrich.

Um **1935** trugen die Frauen das Haar noch länger. In den Nacken fallende Wellen, Locken oder Rollen kennzeichneten diese klassisch inspirierten Frisuren. Die Vorliebe für antike Vorbilder hatte sich durch weitere Ausgrabungen als Thema in der Frisurenmode gehalten. Das galt auch für die „Olympiarolle", die zur Zeit der Berliner Olympiade **1936** modern war, und für die Page-boy-Frisur Greta Garbos, die an eine ägyptische Perücke erinnerte.

Der Mann

Die eleganten Herren trugen längeres Deckhaar und in Fasson angeschnittene Nacken- und Seitenpartien. Vollendet wurde der „Filmcharmeur“ oder „Tangofrisur“ genannte Look mit dem Menjoubärtchen, einem schmalen, kurzen Oberlippenbart.

Nach **1933** mussten die Männer dem sportlichen, wehrhaften Männerideal entsprechen und kürzten ihr Haar radikal. Die Notwendigkeit, jederzeit eine Gasmaske tragen zu müssen, verbot bald den Bart.

Körperpflege

Die Garçonne und der Vamp waren vergessen, natürliche Weiblichkeit wieder gefragt. Im Sinne der Nationalsozialisten sollte die deutsche Frau möglichst ungeschminkt, zurückhaltend fraulich und blond sein. Das „arische“ Blond wurde vielfach mit Blondierpulver erzielt. Die modischen Frauen ließen sich von den Parolen weniger beeinflussen als von ihrem Idol Greta Garbo. Mit dunkelrot geschminkten Lippen, dunklem Lidschatten, schwarzer Wimperntusche, schmal gezupften Augenbrauen und leicht unterkühltem Charme versuchten sie „die Göttliche“ zu imitieren.

Kleidung

Die **Damenmode** wurde figurbetonter. Die schmalen Prinzesskleider waren tailliert,eng, zum Saum hin glockig weit und wadenlang. Die Schulterpartie betonten Kragen, Rüschen oder Puffärmel. DieTopfhüte wurden von eng anliegenden Kappen, kleinen randlosen Hüten mit Schleiern (Toques) abgelöst. Im Kontrast zu den braven Tageskleidern stand die Abendrobe: tief dekolletiert oder schulterfrei mit hautenger Passform. Die elegante **Herrenmode** blieb lässig und konservativ.

Die schmale Linie mit starker, fast militärischer Betonung der Schulterpartie setzte sich durch. Ein beliebtes Dessin war der Nadelstreifen. Zu dieser Mode trug man den „Demi-Homburg“, einen halbsteifen Hut mit hochgestellter Krempe. Die Knickerbocker- und Lederhosen wurden bei vielen Gelegenheiten getragen. Die Herrenschneider protestierten dagegen, das Regime sah es gern.

***Langhaarfrisur** der Dreißigerjahre;*
Najade an der Quelle, M. Liebermann, 1939

***Greta Garbo und Melvyn Douglas**, 1939:*
Page-boy mit geradem, nach innen fallendem Nackenhaar und Tangolook mit Menjoubart

***Sakkoanzug** in Nadelstreifen mit Hut*

*Foto zur **Mode der Dreißigerjahre** von Schülerinnen der Berufsschule für Friseure, Hamburg*

***Die Notwendigkeit,** die Frisur zu schützen oder zu verbergen, schaffte eine internationale Kopftuchmode*

***Bei den Hochfrisuren** der Kriegsjahre wurde das Haar gewellt und per Locke oder Rolle am Oberkopf befestigt. Der Stil ähnelte der Fontange. Eine Variante der Entwarnungsfrisur frisiert und fotografiert von Schülerinnen der Berufsschule für Friseure, Hamburg*

***Das Seiten- und Nackenhaar wurde bei der Entwarnungsfrisur** nach oben eingeschlagen, die Vorderkopfpartie zum Lockentuff frisiert*

Nach mehreren erfolgreichen „Blitzkriegen" glaubten die Deutschen zunächst an die Idee vom „Großdeutschen Reich". Von dem Grauen des Krieges konnte jedoch keine Propaganda und keine kulturelle Unterhaltung dauerhaft ablenken. So verbreitete sich eine deprimierte Stimmung und die „deutsche Sache" wurde von immer mehr Menschen infrage gestellt. Als Hitler **1945** entgegen jeder Vernunft den Krieg auch gegen Amerika weiterführte, bereitete die totale Bombardierung deutscher Großstädte dem grausamen Krieg schließlich ein entsetzliches Ende. Deutschland wurde in vier Besatzungszonen eingeteilt.
Die Nachkriegszeit war von Flüchtlingselend, Wohnungsnot und Nahrungsmittelrationierung geprägt. Ab **1947** begannen die Menschen mit dem Wiederaufbau. Die „Trümmerfrauen" hatten daran einen großen Anteil. **1948** wurde mit der Einführung der Deutschen Mark die Grundlage für das Wirtschaftswunder geschaffen. Nachdem der Krieg jede modische Entwicklung unterbrochen hatte, sehnten sich die Frauen danach, Schmückendes und Feminines zu tragen. Der Wunsch nach Betonung der Weiblichkeit und die Hoffnung auf einen Neubeginn fanden in dem **1947** von Dior geschaffenen **New Look** seinen Ausdruck.

Die Frau

1939–1945 trugen die Frauen eine Art Hochfrisur, die den Kopf im Vergleich zu den breit gepolsterten Schultern unproportional schmal erscheinen ließ. In den Kriegsjahren führten praktische Gesichtspunkte zur Kopftuchmode. Tücher und Schals in verschiedensten Farben und Mustern wurden zum Turban drapiert. Das Haar sollte vor Staub und Schmutz geschützt oder die nicht mehr gepflegt erscheinende Frisur verhüllt werden. Die „Entwarnungsfrisur" um **1945** bedeutete so viel wie „Aus dem Keller nach oben".

Seit **1947** konnten die Frauen ein weiter verbessertes Dauerwellverfahren ohne hohe Temperaturen (Kaltwelle) nutzen.

Ab **1948** wurden kurze, fransig geschnittene Frisuren mit wenig Volumen zum New Look getragen.

Der Mann

In den Kriegsjahren wurde weiterhin der Militärschnitt getragen. das Gesicht war meist glatt rasiert. Nach **1945** kam der kleine schmale Oberlippenbart Hitlers ganz aus der Mode. Das Haar wurde immer noch mäßig kurz geschnitten und scheitellos nach hinten gekämmt. Die jungen Männer bevorzugten den amerikanischen Bürstenhaarschnitt (Meckifrisur), den sie mit Haaröl pflegten. Das Gesicht blieb bartlos.

Körperpflege
Da Seidenstrümpfe in den Kriegsjahren nicht mehr hergestellt wurden, bot die Kosmetikindustrie Enthaarungscreme und Make-up für die Beine an. Mit dem Augenbrauenstift vollendeten dann die Frauen die „Nahtstrümpfe".
In den Nachkriegsjahren benutzten die meisten Frauen wieder mehr Kosmetika. Insbesondere die Augen wurden stark betont und die Lippen herzförmig geschminkt.

Kleidung
Die **Damenmode** veränderte sich bis zum Kriegsende kaum. Die Frauen versuchten trotz der Rationierung von Bekleidung und des Stoffmangels schick auszusehen. Sie schneiderten ihre Prinzesskleider oft selbst. Diese waren stoffsparend schmal, kniekurz und hatten auffallend breit gepolsterte Schultern. **1947** veränderte Christian Dior mit seiner stoffreichen „Glockenblumenlinie" die Mode so revolutionär, dass vom „New Look" gesprochen wurde. Für die meist älteren Gegnerinnen dieses Trends kreierte er später die schmale „Bleistiftmode".

Viele Jugendliche fühlten sich jedoch eher durch die lässige, unkonventionelle und farbenfrohe Mode der Amerikanerinnen angesprochen. Die intellektuelle Jugend, die vom französischen Existenzialismus beeinflusst war, kleidete sich betont schlicht und meist dunkel. Ein gemeinsames Element der jungen weiblichen Mode war die lange Hose, die allmählich enger getragen wurde.

Die **Herrenmode** veränderte sich während des Weltkrieges kaum. Aufgrund der Stoffrationierung gab es keine neue Bekleidung. So nutzte man bei privaten Anlässen die Uniform, um die persönliche Garderobe zu schonen. In der Nachkriegszeit wurde die Herrenmode amerikanisch beeinflusst. So waren Sakkos in V-Linie zu weiten Hosen mit Umschlag modern. Die männliche Jugend begeisterte sich für die amerikanische Freizeitbekleidung und trug weite, bunte Hemden zu engen Hosen.

***New Look** für den Abend*

***Sakkoanzug** im V-Stil*

Amerikanischer Bürstenhaarschnitt

Elvis Presley

James Dean

Farah Diba

Audrey Hepburn

Sophia Loren

Marlon Brando

***Idole** und Modevorbilder der Fünfzigerjahre*

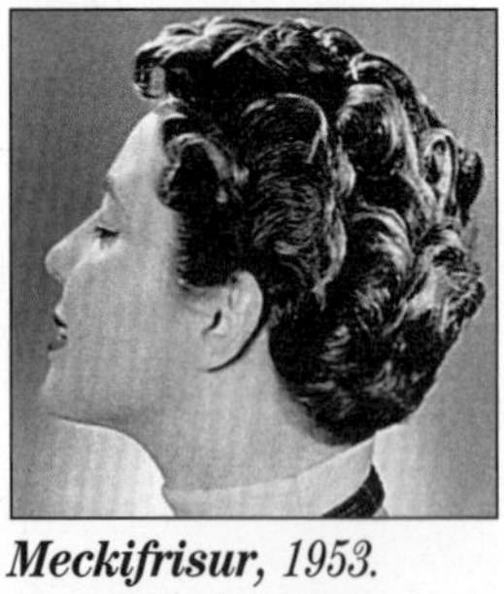
***Meckifrisur**, 1953. Das gestufte, kurze Haar wurde ringsherum hochfrisiert, die Spitzen blondiert*

***Incroyable der Fünfziger,** leicht nach vorn frisiert wie zur Revolutionszeit nach 1789*

Die Bundesrepublik Deutschland hatte seit **1949** einen Bundestag und mit Konrad Adenauer ihren ersten Bundeskanzler. Die Fünfzigerjahre waren durch die wirtschaftliche Stärkung Westdeutschlands und seine Anlehnung an die USA geprägt. Gleichzeitig setzte der „Kalte Krieg" ein und führte zur Aufrüstung in Ost und West.

Durch das Wirtschaftswunder entwickelte sich in Deutschland allmählich eine Wohlstandsgesellschaft. Nicht nur modische Kleidung und Parfüm, sondern auch Fernsehgerät und Auto waren begehrte Prestigeobjekte. Für die rebellische Jugend aber war Besitz bereits etwas Banales oder gar Verachtenswertes. Sie brach mit der jüngsten Vergangenheit und provozierte mit Rock 'n' Roll, nietenbeschlagener Lederkleidung und Randale die etablierte Gesellschaft. Die Jugend war selbstsicher, hatte ihre eigenen Vorstellungen, ihre Idole und Mode und sie verfügte über wesentlich mehr Geld als Jugendliche früherer Generationen.

Die Medien begannen großen Einfluss zu nehmen. Sänger, Schauspielerinnen, Mannequins und andere Prominente des öffentlichen Lebens wurden durch Film, Fernsehen und Illustrierte häufiger denn je zu Idolen oder Modevorbildern. Neue Modetrends verbreiteten sich schneller, wurden aber auch immer kurzlebiger.

Die Frau

Seit dem New Look trugen die Damen kurzes, schlichtes, gewelltes oder leicht gelocktes Haar. Für diese Frisuren gab es je nach Styling verschiedenste Bezeichnungen. Einige erinnerten an das Direktorium oder an die Revolutionszeit. Die Meckifrisur, das Thema eines im Fernsehen übertragenen Frisurenwettbewerbs, fand **1953** viele Anhängerinnen.

Teenager trugen zu ihrer Petticoatmode lieber langes Haar, das mit oder ohne Pony zum Pferdeschwanz frisiert wurde. Audrey Hepburns Stirnfransen waren bei ihnen modern.

Der Friseur und Künstler Guillaume erstellte ab **1945** breit ausschwingende Haarkreationen wie die „Flügelfrisur" sowie Frisuren mit flachem Pony und voluminösem Oberkopf, die bereits die Haarmode der Sechzigerjahre vorzeichneten.

Um **1959** setzte sich mit der Farah-Diba-Frisur zum letzten Mal ein modebeherrschendes Vorbild durch. Bei ihrer Hochzeit mit dem Schah von Persien trug sie ihr langes Haar zu einem hohen

Knoten aufgesteckt. Mit diesem Look kamen hochtoupierte, mit viel Haarspray in Form gehaltene Frisuren auf.

Die Verwendung von Haarteilen für mehr Volumen und das Tragen von Perücken als so genannte Zweitfrisuren waren stark im Trend. Seitdem wurde es immer schwieriger, deutliche Leitthemen in der Frisurenmode zu erkennen.

Der Mann

Die Frisur des eher konservativen deutschen Mannes blieb weiterhin mäßig kurz, mit oder ohne Seitenscheitel zurückgekämmt. **1950** gab George Hardy, ursprünglich Bildhauer von Beruf, dem Herrenfach durch die Verbreitung des Messerhaarschnitts einen großen Auftrieb. Die Technik ermöglichte einen exakteren Formschnitt im nassen Haar.

Die Frisurenmode der männlichen Jugend war revolutionär. Die so genannten „Halbstarken" trugen wie ihre männlichen Idole Elvis Presley, James Dean oder Marlon Brando die pomadisierte Stirnlocke und die hochgekämmte Bombagefrisur. Dabei wurden die Koteletten etwas länger gehalten und das Seitenhaar nach hinten zur „Ente" frisiert. Die Bürstenfrisur war noch immer beliebt. Frisuren und Kultur der Jugendgruppen, die in England als Teds, Mods und Rocker bezeichnet wurden, sind in dem Kultfilm „Quadrophenia" mit dem Sänger und Schauspieler Sting besonders gut dargestellt.

Körperpflege

In Mode- und Frauenzeitschriften wurden ausführliche Tipps zu Körperpflege, Mode und Make-up gegeben. So wird dort das Schönheitsideal von Olga Tschechowa wie folgt beschrieben: „Die Frau soll angezogen schlank wirken, ausgezogen kann sie aber sehr wohl vollschlank sein."

Im Trend waren kurvenreiche, sehr weibliche „Rassefrauen" wie Marilyn Monroe, Gina Lollobrigida oder Sophia Loren. Keine Frage, dass Mieder und Korsett wieder Konjunktur hatten. Bei den Teenagern galt allerdings eher die knabenhafte Figur der Audrey Hepburn als Vorbild. Trendsetterin Farah Diba brachte auch ein besonderes Make-up in Mode. Mit balkenartigen, dunkel nachgezogenen Augenbrauen und seitlichem, schräg nach oben verlängertem Lidrand wurde das Auge mandelförmig betont. Die Lippen wurden nur wenig geschminkt.

*Foto zur **Mode der Fünfzigerjahre** erstellt von Schülerinnen der Berufsschule für Friseure, Hamburg*

Guillaumes Femme-Fleur-Frisur

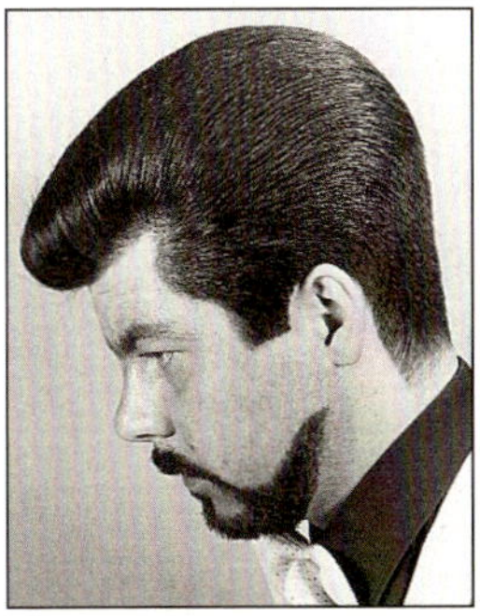

***Herrenfrisur**, durch ein Rasiermesser in Form geschnitten*

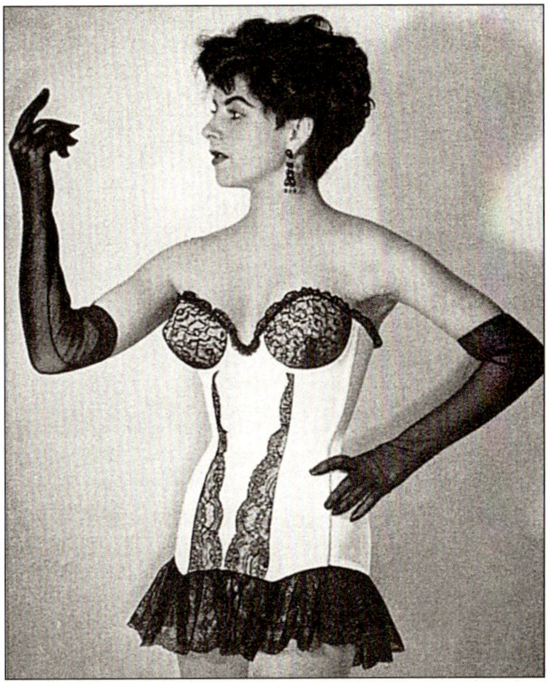

***Miedermode** der Fünfzigerjahre*

Petticoat, Ballerinas *und Pferdeschwanzfrisur*

Sakkoanzug *und Freizeitkleidung für den Herrn*

Kleidung

Die **Dame** der Fünfzigerjahre bemühte sich sehr um stets angemessene Garderobe mit übereinstimmenden Accessoires. Um diesem Bedürfnis nachzukommen, gab es in vielen Frauenzeitschriften detaillierte Ratschläge, die bereits an Kleidungsvorschriften erinnerten. Dior entwarf neben engen, figurbetonten Linien auch die Sack- und Tonnenlinie, bei der sämtliche Betonungen der weiblichen Figur entfielen. Coco Chanel hatte insbesondere mit zeitlosen, sportlichen und dennoch eleganten Kostümen großen Erfolg. Für ihre Mode konnten die Frauen auf das Korsett verzichten, was vielfach begrüßt wurde. Die gemäßigte weibliche Jugend trug gern die Petticoatmode zu Ballerinas oder Fischerhosen zu weiten Pullovern. Die so genannten „Halbstarken"-Bräute traten mit schwarzer Lederkleidung und Schuhen mit Bleistiftabsätzen auf.

In der **Herrenmode** wurde dem Repräsentationsbedürfnis entsprechende, qualitativ hochwertige Kleidung aktuell. Figurbetonte Sakkos kombinierte man mit farbigen Westen. Dazu gab es inzwischen Hosen mit Reißverschluss. Aufgrund der verkürzten Wochenarbeitszeit stieg die Nachfrage an Sport- und Freizeitbekleidung, zum Beispiel an bunt gemusterten „Waikiki-Hemden". Die männliche Jugend kleidete sich lässiger mit einer schwarzen am Bein engen Anzugshose und einem weiten weißen Hemd. Die „Halbstarken" fielen mit nietenbeschlagenen Lederjacken, -hosen und Cowboystiefeln auf. Zum Ausgehen wählten sie einen dunklen Anzug, ein weißes Hemd mit der sehr schmalen „Slim-Jim"-Krawatte, dazu spitze Schuhe. Diese Kleidung hatte etwas knitterig und gebraucht auszusehen. Die Jeans machten als Unisex-Kleidungsstück der Jugendlichen weiterhin Karriere.

„Halbstarke"

Im August **1961** erfolgte unter der Aufsicht sowjetischer Soldaten der Mauerbau in Berlin. Die sozialistische Regierung unter Walter Ulbricht wollte so der Fluchtbewegung von Ost nach West Einhalt gebieten. Die Teilung Deutschlands war damit vorerst vollendet. Die Auseinandersetzung der Supermächte eskalierte schließlich im Vietnamkrieg. Dieser wurde zum Auslöser für Studentenunruhen. Die Studenten- und Jugendbewegung der Sechzigerjahre hatte ein Ziel vor Augen: Aufklärung und Wahrheit, Aufdeckung von Vorurteilen und Selbstbetrug in politischer, moralischer und sexueller Hinsicht.

Sex und freie Liebe sowie voreheliche Beziehungen wurden durch die Entwicklung der Antibabypille unterstützt. Aufklärungsfilme von Oswald Kolle und „Pornofilme" wurden in den Kinos zu Kassenschlagern. Es entwickelten sich verschiedene Jugendszenen, die antibügerlich eingestellt waren. Die pazifistischen „Blumenkinder" oder „Hippies" predigten Liebe und Verständnis statt Feindschaft und Hass. Die meist männlichen „Gammler" verachteten die Leistungsgesellschaft. Twist, Beat und Popmusik folgten dem Rock 'n' Roll. Insbesondere die „Beatles" und die „Rolling Stones" versetzten die Jugendlichen in Ekstase. In den „swinging sixties" gewann die junge Mode endgültig die Oberhand. Die Jugend selbst wurde zum Modevorbild.

Suchten die Männer bisher noch etwa alle zwei Wochen einen Friseursalon auf, so gingen nun viele aufgrund des längeren Haares seltener oder gar nicht mehr zum Friseur. Viele Betriebe mussten Umsatzeinbußen hinnehmen oder sogar schließen.

Die Frau

1962 nahm Jaqueline Kennedy 16 Perücken mit auf eine Weltreise. Kaum eine Frau hatte keine „Paula" im Schrank. Der Trend zur Zweitfrisur hielt noch bis Mitte der Sechzigerjahre an. Die Frau des amerikanischen Präsidenten war es auch, die einen natürlicheren, harmonischen und gepflegten Frisurenstil aktuell machte. Unter dem Einfluss der Weltraumforschung und der geometrischen Op-Art in der bildenden Kunst entwickelte sich in der Mode ein Hang zu abstrakt nüchternen Formen. **1963** veränderte Vidal Sassoon die Haarmode mit einem Schlag. Er entwarf geometrisch klar konzipierte, schlichte Frisuren, die er in einer von ihm entwickelten Technik mit der Schere modellierte und anschließend föhnte. So wurde ein glatter Bubikopf („Five-point-geometric") mit bis über

***Die Beatles** und ihre Fans*

***Kinnlanges**, in großen Wellen schwungvoll aufspringendes Haar und leicht toupiertes Deckhaar kennzeichnen die jugendlich romantische Frisur Jaqueline Kennedys*

Foto zur ***Mode der „Swinging Sixties"*** *von Schülerinnen der Berufsschule für Friseure, Hamburg*

Löwenmähne: *Das stark toupierte Oberkopfhaar wurde nach hinten gebürstet und fiel in leichten Wellen lose auf Schultern und Rücken. Stirn und Ohren blieben frei*

Sassoonstil

An das Empire *erinnernder allgemein lang gehaltener Haarschnitt und Schnurrbart*

die Augen reichendem Pony und schräg geschnittenen Schläfenhaaren getragen. Dieser Haarschnitt harmonierte mit dem Astronautenlook von Courrège, dessen Models kappenartige glatte Frisuren mit harten Konturen vorführten.
Die Anhängerinnen der Hippiebewegung trugen langes, offenes Haar. Als Gegenbewegung zu Sachlichkeit und Futurismus entstand um **1968** ein Romantiklook, zu dem die Frauen ihr langes Haar zur „Löwenmähne" frisierten.

Der Mann
Die ältere Generation reagierte entsetzt auf die „Pilzköpfe" der Beatles und lehnte diese Mode als unmännlich und unordentlich ab, was die Jugend nur darin bestärkte, sie zu tragen.
Der Beatlesstil wies weniger klare Konturen als der Sassoonschnitt auf. Das Haar war fransiger geschnitten und so lang, dass es meist Ohren, Stirn und Nacken bedeckte.

Eine Veränderung der konservativen Herrenfrisuren wurde schließlich durch die Hippie- und Studentenbewegung eingeleitet. Deren langes Haar wurde zu einem Symbol für eine pazifistische Einstellung, die auch unpolitische Menschen ansprach. So setzten sich um **1966** mäßig lang gehaltene, gescheitelte Rundschnitte und nach vorn gekämmtes, kürzeres Haar durch. Dazu wurden die Koteletten länger gelassen. Schnurrbart und Vollbart wurden nach zwei fast bartfreien Dekaden wieder modern. **1968** gab es langes, glattes, aber auch wild gelocktes Haar im international erfolgreichen Musical „Hair" zu sehen. Es beeinflusste Kleider- und Frisurenmode der folgenden Jahre so sehr, dass es selbst etablierten Männern möglich wurde längeres Haar zu tragen.

Körperpflege
Als neues Schönheitsideal verkörperte Leslie Hornby alias „Twiggy" den „Bohnenstangenlook". Eine knabenhaft schlanke Figur mit mädchenhaft langen Beinen war erforderlich, um den Minirock gut zur Geltung zu bringen und den Transparentlook mit überzeugender Unschuld tragen zu können.

Das Make-up wurde sehr aufwendig und auffällig. Es sollte mit dem Kleidungsstil und mit der Frisur harmonieren. Um **1965** wurden farbige, auf die Kleidung abgestimmte Lidschatten modern. Die Lidfalte wurde dunkel betont. Oberhalb der Lidfalte trugen die Frauen hellen, unterhalb farbigen Lidschatten auf. Die Augenbrauen wurden schmal gezupft, die Wimpern kräftig getuscht. Für besondere Anlässe klebten falsche Wimpern an den Lidern. Auch das Aufmalen von „Wimpern“ auf das Unterlid und seitlich am Oberlid war üblich.

Die Herrenkosmetik erlebte einen Aufschwung mit Aftershaves, Pflegeserien und Parfüms.

Kleidung

Schlichte, unkonventionelle Prinzess- oder Etuikleider mit losem Jäckchen wiesen den gefragten jugendlich dynamischen Charme auf. Mit dieser Garderobe in der Modefarbe Rosa war Jaqueline Kennedy auch in der Kleidermode Vorbild. Ab **1963** stand die Mode im Zeichen der Op-Art. Kleider, Ensembles und Accessoires mit schwarz-weißen, geometrischen Mustern beherrschten das Bild. Mary Quant, eine Modeschöpferin, die sich nicht der Haute Couture zuwandte, erschuf **1965** den Minirock, der zunächst zirka zehn Zentimeter über dem Knie endete. Es folgte bald der Supermini, der gerade noch das Gesäß bedeckte und der sich dank der Feinstrumpfhose noch bis zu Beginn der Siebzigerjahre hielt, bis er von der Midi- und Maximode abgelöst wurde. Gegnerinnen des Minilooks trugen Marlene-Dietrich-Hosen oder Hosenanzüge. Neben diesen gemäßigten Modetrends entstand ausgehend von der Hippiewelle ein Hang zu romantischer, bunter und exotischer Kleidung, der sich bis in die Siebzigerjahre fortsetzte. Als Elemente einer Unisexmode entwickelten sich die Jeans und das T-Shirt, das ehemalige Herrenunterhemd, entgegen häufigem Protest zur Alltagskleidung von Hippies, Gammlern, aber auch Wohlstandsbürgern.

Das wichtigste Accessoire dieser Zeit war wohl die Brille, die in verschiedensten Formen und meist breiten Fassungen getragen wurde. Selbst bekannte Modeschöpfer nahmen sich der Sonnenbrille an.

Erst um **1966** wurde die **Herrenmode** unkonventioneller, farbiger, figurbetonter und wirkte insgesamt jugendlicher. Statt des Hemdes wurde oft ein dünner Rollkragenpullover unter dem Sakko getragen. Das enge Poloshirt aus Trikotstoff wurde zum typischen Freizeithemd. Die breite Krawatte und das Halstuch avancierten zum Blickfang in der Herrengarderobe. Der Mann trug sie in verschiedensten Farbstellungen mit diversen Motiven und Dessins. Die Hosen hatten sich vom passenden Sakko emanzipiert und waren als gemusterte Einzelhosen beliebt. Zeitweilig wurden „Manchesterhosen“ mit weit ausgestelltem Bein getragen.

***Männer mit Scheitelfrisuren** und figurbetonten Anzügen der Sechziger*

***Twiggy** mit Minikleid, 1967*

***Das Musical „Hair"** beeinflusste die Mode der späten Sechziger- und der Siebzigerjahre*

***Der Afrolook** wurde zur Unisex-Mode*

*Foto zur **Mode der Siebzigerjahre** von Schülerinnen der Berufsschule für Friseure, Hamburg*

***John Travolta** in „Saturday Night Fever"*

***Cosi**, Gegensatz von Fläche und Locke*

Durch den Vietnamkrieg wurde das Image der USA als Vorkämpfer der Freiheit erschüttert. Die bundesdeutsche Regierung distanzierte sich nicht von ihrem mächtigsten Verbündeten. Deutschland wurde von terroristischen Aktivitäten der Baader-Meinhof-Gruppe verunsichert.

Nach dem Wohlstand der vergangenen Jahrzehnte kam es nun unter dem Einfluss der Ölkrise zur Rezession und zunehmender Arbeitslosigkeit. Die schlechter werdenden Berufsaussichten betrafen vor allem die Jugend, die in unterschiedlicher Weise reagierte. Einige suchten Halt in Sekten oder konsumierten Drogen. Andere suchten nach alternativen Lebensweisen ohne Leistungsdruck, mit mehr Kontakt zur Natur und intensiveren zwischenmenschlichen Beziehungen. Häufig wurden Wohngemeinschaften gebildet. Mitte der Siebzigerjahre schwappte die „Punkwelle" (von englisch „mies, hässlich") von London auf den Kontinent. Arbeitslose, sich aggressiv und militant verhaltende Jugendliche machten mit schrillem Outfit auf sich aufmerksam. Die Punks hatten ihre eigene Musik, die in aggressiver Weise „Null-Bock"-Mentalität und Hoffnungslosigkeit zum Ausdruck brachte. Schockierte diese Punkmode zunächst die normalen Bürger, so setzten sie sich in den Achzigerjahren in gezähmter modischer Weise mit ihr auseinander.

Experimentierfreudigkeit, Originalität, große Toleranz und kurzlebige Trends prägten die Mode. Das Fehlen von Vorbildern führte zu einem raschen Modewechsel, wenn nicht sogar zur modischen Orientierungslosigkeit, die gegen Ende des Jahrzehnts eine Nostalgiewelle einleitete.

Die Frau

Der Einfluss der Jugendszene der Sechzigerjahre setzte sich fort. Zu Folklore- und Romantikmode wurde weiterhin langes offenes Haar getragen. Der Afrolook mit starker Krause war bei beiden Geschlechtern beliebt. Frauen, die nicht mehr zu den Twens zählten, bevorzugten glatte Kurzhaarfrisuren, den Pagenkopf oder einen Bubikopf mit längerem Nackenhaar. Frisuren, die Gegensätzlichkeiten aufwiesen, wie glatte Fläche und Locke, flach gehaltenes Vorderkopfhaar und voluminöser Hinterkopf, waren Anfang der Siebzigerjahre ebenfalls im Trend. Gegen Ende der Dekade wurden die Frisuren der Dreißigerjahre wieder aufgegriffen. Gewellte Bubiköpfe und sogar die Olympiarolle kamen zu neuen Ehren. Als Gegenbewegung zu den Punkern entstand Ende der Siebziger eine elitäre Jugendszene, die sich selbst als „Popper", abgeleitet von Pop, bezeichneten. Sie trugen gepflegte Kleidung und Frisuren. Die in England als „Wedge" (Keil) oder unter dem Namen „Fire-fly" bekannte Popperfrisur wurde von beiden Geschlechtern getragen. Das volle, etwa bis auf die Höhe der Ohren reichende Deckhaar fiel auf die gestuften Seiten- und Nackenpartien. Von hinten wirkte dieser Haarschnitt keilförmig. Die mit Seitenscheitel erstellte Frisur bestach durch einen schweren, über ein Auge fallenden Pony.

Der Mann

In der ersten Hälfte der Siebzigerjahre trugen junge Männer oft schulterlanges Haar und verschiedenste Bartformen, insbesondere Backenbärte und lange Koteletten. Zum Ende der Siebzigerjahre machte sich auch in der Herrenmode ein Hang zur Eleganz bemerkbar. Die Frisuren erschienen gepflegter und wurden nur noch mäßig lang getragen. Koteletten und Bärte stutzte man sorgfältig.

Neben der Punkszene entwickelte sich eine Diskokultur, in der die Jugendlichen eher extrovertierte Garderoben und Frisuren trugen. In dem Film „Saturday Night Fever" tanzte John Travolta wie viele seiner Generation gegen den Alltagsfrust an. Für den nächtlichen Diskoauftritt stylte man das Haar oft mit Pomade oder Brillantine.

Körperpflege

Das große Interesse an der Sexualität rief einen besonderen Boom der Körperpflegemittelindustrie hervor. Deodorants und andere Präparate für die Intimpflege waren sehr gefragt. Die Männer begannen ihren diesbezüglichen „Rückstand" aufzuholen. Das grelle Make-up der Sechziger wurde allmählich unmodern.
Es gab den Frauen ein zu puppenhaftes Aussehen und passte nicht zu der neuen Frauenbewegung, die gegen den Abtreibungsparagraphen demonstrierte. Viele Jugendliche und ältere Frauen verzichteten ganz auf das Make-up. Mit der Nostalgiewelle wurde das Make-up der Dreißigerjahre wieder modern.

Kleidung

In der **Damenmode** kombinierten die Frauen verschiedene Kleidungsstücke, statt Kostüme oder Ensembles zu tragen. Mit Mini und Midi existierten unterschiedliche Saumlängen nebeneinander. Ein besonderes Modethema war die Hose, die in allen erdenklichen Formen getragen wurde, wobei die „Hot Pants" die kürzeste und die Latzhose die rustikalste Version darstellte. Ab **1975** kamen Moden auf, die eher nach Verkleidungen klangen: Vom China- bis zum Indien- und Piratenlook war alles vertreten, was exotisch, abenteuerlich oder folkloristisch aussah. Der Schlitzlook (Slinkylook) in Midilänge stand am Beginn der Nostalgiewelle, die figurbetonter war und eleganter wirkte.
Die Silhouette dieser Mode erinnerte an die Dreißigerjahre. Dazu wurden Plateauschuhe und Accessoires der Vierzigerjahre getragen, die sich modebewusste Teenager nicht selten beim Trödler oder auf dem Flohmarkt kauften.

In der **Herrenmode** waren Sakko und Hose zu Beginn der Siebzigerjahre sehr figurbetont geschnitten. Das meist offen gelassene Hemd und die um das Gesäß enge Hose verliehen nur dem schlanken Mann ein jugendlich dynamisches Aussehen. Aufgrund der knappen Hosen musste man zur Herrentasche greifen, um das nötige Kleingeld mitführen zu können.
Mit Beginn der Nostalgiewelle galt es als vulgär, dermaßen enge Kleidung zu tragen. Sakkos, Hosen und Hemden bekamen wieder eine legere Weite und einen eleganten bis sportlichen Schnitt. Auch hier war die Garderobe der Dreißigerjahre unter der Bezeichnung „Gatsbymode" Vorbild. Im Zuge des „Partnerlooks" wurden auch Pelzmäntel, zu jener Zeit noch nicht umstritten, für den Herrn entworfen.

***Waschbärmäntel** 1977/78*

***Der Punklook** bestand in bunt gefärbten Hahnenkämmen, Irokesenschnitten und anderen auffallenden Frisuren, einem extremen Make-up und zerschlissener Kleidung*

***Punkerinnen**, Make-up, Frisur und Foto von Auszubildenden*

Young-Fashion-Frisur

***Zopffrisur**, Karl Lagerfeld*

***Androgyn** wirkender Megastar Michael Jackson*

Mit Michail Gorbatschow veränderten sich ab **1985** die Beziehungen zwischen dem Westen und der Sowjetunion. Der Reaktorunfall von Tschernobyl **1986** und Chemieunfälle verschärften Zukunftsängste und erhöhten das Bewusstsein für Umwelt und Natur. Der Fall der Berliner Mauer **1989** löste große Freude, Euphorie, hohe Erwartungen, aber auch zweifelnde Kritik aus. Rechtsradikale Jugendliche und die ihnen zugeordneten kahl geschorenen „Skinheads" (Hautköpfe) gerieten häufiger in negative Schlagzeilen. In den konsumorientierten Achtzigerjahren war die Jugendkultur in viele, scharf voneinander abgegrenzte Subkulturen, wie Skinheads, Punks, Alternative, Autonome und Yuppies, zersplittert, von denen vor allem die Punks einen starken Einfluss auf die Mode hatten.

Die weitere Annäherung der Geschlechterrollen weckte das Interesse am androgynen (andro = männlich, gyn = weiblich) Aussehen, das in Frisurenmode, Bekleidung und Make-up zum Thema wurde. Die Tendenz zur Individualisierung der Mode setzte sich weiter fort. Ziel der modischen Kleidung war es nun immer mehr, den persönlichen Stil zu unterstreichen, statt einer allgemeinen Mode zu folgen. Mithilfe der Typberatung in Garderobe, Frisur und Farbe wurde und wird versucht, eine optisch abgerundete, stimmige Persönlichkeit zu gestalten, die dann durch ihre positive Ausstrahlung mehr Erfolg in Leben und Beruf erlangen soll.

Neben den traditionellen Kleinbetrieben entstanden Friseurketten und Salons, die sich im so genannten „Franchising-System" einem bestimmten Konzept unterordneten.

Die Frau

Die Experimentierfreudigkeit und Farbenpracht der Punks wurde allmählich in gezähmter Form übernommen. Selbst Fürstin Gloria von Thurn und Taxis trug, wenn auch als Modegag, eine Punkfrisur. Farbeffekte wie bunte Strähnen oder auffällige Blondierungen gehörten ebenso zur modischen Frisur wie eine gewisse Wildheit, die durch stufiges Schneiden, Ausfransen sowie ein Frisuren-Finish mit Wetgel und Wachs erreicht wurde. „Yuppies" (young urban professionals – junge städtische Berufstätige), die Nachfolger der elitären Popper der späten Siebzigerjahre, trugen „Young-Fashion"-Frisuren. Diese zeichneten sich durch eine noch disziplinierte Grundform aus, die sich aber durch auffällig stufige, meist aufgestellte Haarlängen dem Punklook annäherten. Mit dem „Young Fashion Style" wurde ein Kompromiss gefunden, der sowohl für Schule und Beruf, aber auch für die Disko akzeptiert werden konnte. Dieser Frisurenstil setzte sich in verschiedenen, in Abhängigkeit vom Alter gemäßigten Formen durch. Längeres Haar, wie zum Beispiel ein Bob, wurde meist gestuft. Um Volumen und lässige Locken in welligem gestuften Haar zu erzielen, wurde das Haar während des Föhnens mit Diffuseraufsatz „geknetet". Die neue Experimentierfreudigkeit brachte wieder die Verwendung von künstlichen Haarteilen in Mode, die bewusst auffällig einfrisiert wurden. Die Möglichkeit der Haarverlängerung für besondere Anlässe stand dabei im Vordergrund.

Der Mann

Seit den Siebzigerjahren schien sich die Frisurenmode der Geschlechter immer stärker anzunähern. Dauerwellen und Farbbehandlungen waren für „Ihn" mittlerweile nicht mehr ungewöhnlich. Es gab vom Punk inspirierte Kurzhaarschnitte, die von beiden Geschlechtern getragen wurden. Die zur Neoromantik passende Langhaar- oder Zopffrisur wurde von modemutigeren Männern entdeckt. War nicht das gesamte Haar lang, so ließen sich doch viele junge Männer im Nacken eine lange Strähne wachsen. Gegen Ende des Jahrzehnts wurde der provokative „Dreitagebart" von jungen Männern getragen, der ihnen im Vergleich zum androgynen Look ein männlich raues Aussehen verlieh.

Körperpflege

Ein ausgeprägter Körperkult beeinflusste Frauen und Männer. Eine schlanke athletische Figur und eine „knackige" Hautbräune wurden von vielen angestrebt. Als durchtrainierte Frau ohne Alter führte Jane Fonda Millionen anderer Frauen Aerobic vor. Das Wunschbild vom perfekten Körper trieb auch Männer in das Fitnessstudio und zur Solarbank. Die Schönheitschirurgie half, wenn alle anderen Anstrengungen nicht von Erfolg gekrönt wurden. Der „neue nackte Mann" wurde von der Werbung als Verführungsobjekt entdeckt.

In der Haarkosmetik stieg die Nachfrage von natürlichen Produkten. Shampoos sollten biologisch abbaubar sein. Pflanzenfarben wie Henna wurden neu entdeckt.

Kleidung

Männlich breite, gepolsterte Schultern und weite Ärmel kennzeichneten die Silhouette in der **Frauenmode** von **1977 bis 1987**. Die Garderobe war leger, unkompliziert, ohne Vorgabe der Saumlänge und je nach individuellem Geschmack kombinierbar. Dann wurde die breitschultrige „Emanze" als „out" erklärt. Die Schulterpartie wurde schmaler und die Taille wieder stärker betont. Die lange Hose befand sich modisch auf dem Rückzug. Auch in der Kleidermode setzte man sich mit den Punks auseinander, was zum Fetzen- und Löcherlook führte. Selbst etablierte Bürger trugen Designerjeans mit eingerissenen Knien.

Um **1985** setzte mit dem Film „Amadeus" ein Trend zu postmoderner Romantik in der jugendlichen Herrenmode ein. Dazu wurden prunkvolle und schimmernde Stoffe zu Jacken, Westen oder Hosen verarbeitet.

Kennzeichend für die seriöse „Business-Kleidung" waren Bundfaltenhosen zum zweireihigen Jackett oder in gedämpften Farben gehaltene Kombinationsanzüge. Ein ausgeprägtes Markenbewusstsein bewirkte, dass Labels dem Understatement der vergangenen Jahre widersprechend gut sichtbar angebracht wurden. Insbesondere die „Yuppies" trugen gern berühmte Namen und wussten bestens darüber Bescheid, welche Marke gerade angesagt war.

***Miss Universum**, Gabriele Sievers, 1983*

Madonna

Löcher- und Fetzenlook

***Loveparade** in Berlin*

***Der „Grungelook"** wollte als Gegenbewegung zu sehr frisiert aussehendem Haar auffallen.*
Für das „Antistyling" wurden Wachs und Gel ins feuchte Haar eingearbeitet

***Für die Glamourfrisuren** wurde das Haar wieder vielfach eingelegt. Bei extremeren Frisuren wurde das Haar anschließend kaum ausgekämmt*

Die Wirtschaft des vereinigten Deutschlands stagnierte und die Zahl der Arbeitslosen stieg an. Sparsamkeit begann das Leben der Wohlstandsgesellschaft zu prägen. Das Gesundheitsbewusstsein war sehr ausgeprägt: Was kann man im Zeitalter von hoher Schadstoffbelastung, gentechnisch verändertem Gemüse und Rinderwahnsinn noch essen? Mit welchen Mitteln kann man Haut und Haar umwelt- und gesundheitsverträglich behandeln? Jugendarbeitslosigkeit und Umweltprobleme bedrückten die junge Generation. In der Techno-Szene konnten sie als „Raver" (engl. ugs. =Tänzer) bei „Loveparades" mit Trillerpfeifen, Atemschutzmasken und Leuchtstäben oder bei „Technoparties" dem perspektivlosen Alltag entfliehen und sich mit Gleichgesinnten Glücksgefühle ertanzen. Oft mussten sie aber auf die Droge Ecstasy zurückgreifen, um wirklich in Trance zu geraten. Der antibürgerliche „Grunge-Rock" (Engl. ugs. = unordentlich) war ein Sprachrohr des Protestes und prägte eine Lebenseinstellung desillusionierter Jugendlicher. Neben den zukunftsorientierten „Spacebabes" und anderen „Futurelooks" kamen die Sechziger- und Siebzigerjahre als Stilmixrevival in Mode.

Die Frau

In der ersten Hälfte der Neunziger wurde der betont unfrisierte, leicht ungepflegt wirkende Grungelook allmählich vom Glamourlook abgelöst, bei dem die Haarpflege den gesunden Glanz wieder in den Vordergrund rückte. Das Modethema „Sixties und Seventies" setzte sich Mitte der Neunzigerjahre auch in der allgemeinen Frisurenmode durch. Der Bubikopf der Sechziger, das lange Haar der Hippiezeit sowie Blumenhaarschmuck und Haarspangen kennzeichneten diesen Trend. Bei längerem Haar wurden die Haarenden meist leicht nach außen geföhnt, bei kurzem Haar dagegen „punkig" hochgestellt.

Der Mann

Mit dem Aufgreifen der Mode der Sechziger und Siebziger trugen die Männer oft längere Koteletten. Die Stirn bedeckendes, volles Oberkopfhaar im Stil der Modsfrisuren der Sixties lag ebenfalls im Trend. Bei zum Teil hochblondierten Kurzhaarfrisuren wurde das Stirnhaar mit Wachs oder Gel hochgestellt. Sehr kurze, an den Bürstenhaarschnitt erinnernde Frisuren wurden sowohl von jungen als auch von älteren Männern getragen, die nun darauf verzichten, ihren kahlen

Oberkopf mit langem Haar der Seitenpartie zu bedecken. Daneben gab es weiterhin Männer, die sich ihr langes Haar nicht abschneiden ließen. Zierliche Kinnbartformen wurden von jungen Männern neu entdeckt und zur Kurzhaarfrisur getragen. Der Zopf, den auch Karl Lagerfeld trägt, war inzwischen schon fast ein Klassiker geworden. Trotz des Wandels, den die Herrenfrisur in den letzten Jahrzehnten durchlief, blieben die Frisuren der Männer immer noch stärker durch das soziale Umfeld und die berufliche Stellung geprägt als die der Frauen.

Körperpflege
Noch immer war Sportlichkeit und Fitness gefragt. Dem Körper wurden jedoch keine Höchstleistungen mehr abverlangt. Das Körperbewusstsein war auch bezüglich der Körperformen entspannter geworden. Selbstbewusste dicke Frauen und Männer zeigten, dass sie ihr Leben trotz der Körperfülle genießen konnten. Der Busen trat vorübergehend stärker in das Interesse der Mode. So ließen sich etliche Schauspielerinnen den Busen mit Silikon in die gewünschte Form bringen. Der Push-up-BH bewirkte eine optische Hervorhebung und wurde gut verkauft. Zeitgleich galt das Model Claudia Schiffer, die mehr Rundungen als andere Models zeigen konnte, als Schönheitsvorbild. Aber schon bald entschieden sich die Modedesigner wieder für extrem schlanke Frauen wie Kate Moss, die für ein Unisex-Parfüm provokativ ungeschminkt abgelichtet wurde.

Kleidung
Anfang der Neunzigerjahre setzte sich das Stretchmaterial nicht nur in der **Damenmode** durch. Leggins, Bodies, durchgehende Catsuits, aber auch Jeans, Shirts, Sakkos und Kostüme wurden aus dem körperbetonenden, bequemen Material hergestellt. Neben Kleidung in verschiedenen bunten Farbstellungen wurde gern auf Naturtöne und Naturmaterialien zurückgegriffen, z. B. Stoffe aus Baumwolle, Leinen, Seide, aber auch Leder sowie Schmuck aus Ton, Stein oder Holz.

Die zum Teil futuristisch anmutende Technomode der Raver glich einem körpernahen Sportswear mit Streifenmustern, Computermotiven oder Markenlabels.

Im Stilmixrevival der Sechziger- und Siebzigerjahre kamen Schlaghosen, Blumenmuster, leuchtende Farben, Pastelltöne sowie Plateauschuhe wieder zu Ehren.

***Herrenfrisuren** der Neunzigerjahre*

***Frisur der Sechzigerjahre,** modern interpretiert*

***Schlichte Kleidung** und Frisur, „Clean Chic"*

***Fotografien** wie diese künden vermutlich das Ende des „Glamour" an. Von der Mode wird eine neue Ehrlichkeit gefordert. Mode soll auch der machen und tragen dürfen, dem die Mittel dazu fehlen – und der nicht perfekt aussieht*

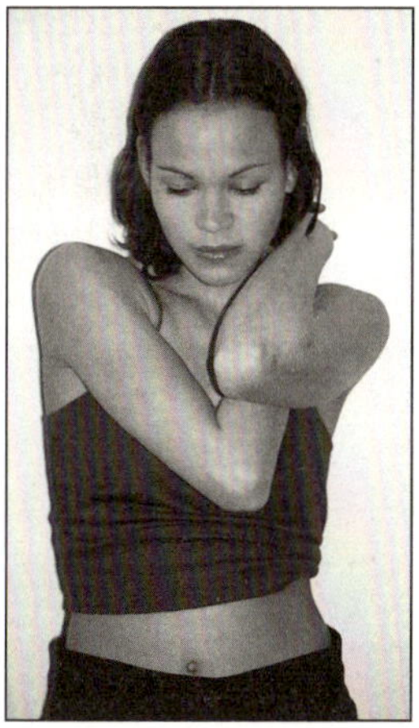

Neben diesen Trends entstand eine Tendenz zu einer schlichten, puristischen Mode: einfarbig, oft dunkel oder schwarz, vom Schnitt her meist klassisch und schmal bis „softly over-sized". Dieser „Clean Chic" war auch in der **Herrenmode** anzutreffen. Orange- oder „kiwifarbene" Hemden mit langem Kragen hatten dagegen den Flair der Siebzigerjahre.

Deutschland befand sich in einer Zeit der Reformen. Das betraf vor allem das Gesundheitswesen, die Rentenabsicherung und die Bekämpfung der Arbeitslosigkeit. Der Wirtschaftsstandort Deutschland wirkte geschwächt. Dem Schulsystem wurden durch Pisastudien erhebliche Mängel bescheinigt. Eine deutliche Verunsicherung war zu spüren. Deutschland musste sich bewegen. Die Politik hatte einen schweren Stand. Es musste gespart und gekürzt werden. Die soziale Hängematte bekam größere Maschen.

Die jungen Menschen kämpften um Ausbildungsplätze. Ein gesichertes Auskommen zu haben und sich auf das Zusammenhalten von Freunden und Familie verlassen zu können, wurde wichtig. Zusammen mit dem Ansteigen von Zukunftssorgen nahmen auch die Träume und Wünsche von schnellem Erfolg zu. Im TV wurden „Superstars“ gesucht und das Publikum fieberte mit. Es nahm an den Emotionen der Bewerber Anteil und konnte so die eigenen Hoffungen ausleben Shows lockten mit Wettbewerben wie „Wer wird Millionär?“ – und wird damit seine finanziellen Sorgen los.

Frauen, die „endlich schön“ sein wollten, ließen ihre Verwandlung vom hässlichen Entlein zum schönen Schwan (The Swan) für eine Show dokumentieren. Mithilfe von Training, Ernährung und Schönheitsoperationen ließen sie sich in einen neuen Menschen verwandeln. Gutes Aussehen wurde oft mit Selbstbewusstsein und Erfolg gleichgesetzt. Die Kleidung war dementsprechend körperbetont. Eine sexualisierte Kleidermode ließ nicht nur viel Haut, sondern auch Dessous hervorblitzen.

Der Alltag aber holte alle immer wieder ein. Viele Menschen spürten, dass ein gutes Körpergefühl und mentale Entspannung wichtiger sind als der nur augenscheinliche gesunde Körper. Wellness war weiter auf dem Vormarsch. Ayurveda, Duftöle, Farbtherapie und andere Formen der bewussten Entspannung sollten einen gesunden Ausgleich zum Alltagsstress bringen. Das eigene Reich wurde, nach Feng Shui eingerichtet, zur Quelle positiver Energie.

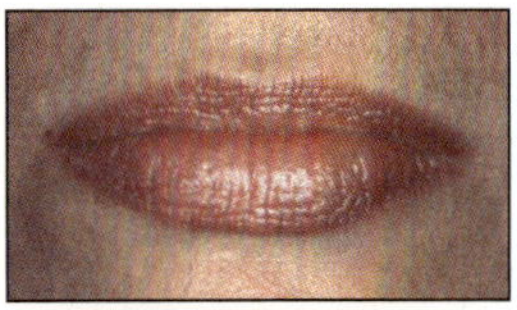
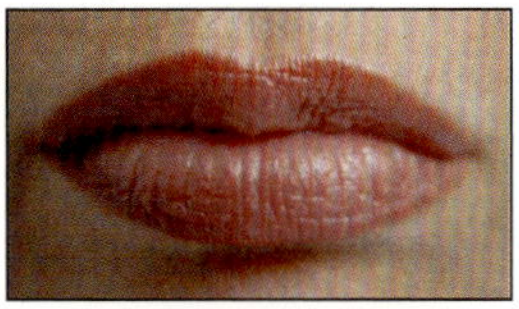

***Schönheitsoperationen** spielen eine immer größer werdende Rolle*

***Die Stars** von „Sex and the City“*

***Asiatisch inspirierte** Frisurenkreationen erfordern besondere Styingprodukte und einen ausgefeilten Schnitt.*

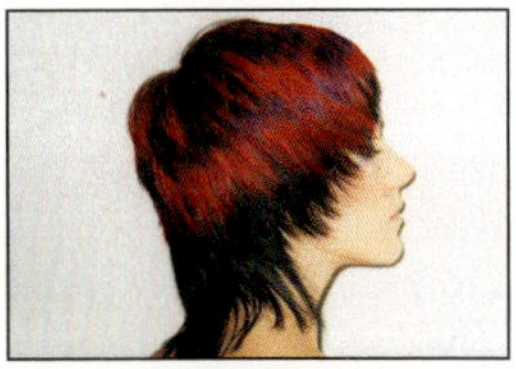

***„VOKUHILA“** – vorne kurz und hinten lang. Ein Look der 80er Jahre modern interpretiert*

Die Frau

Obwohl die Rückkehr von Wellen und Locken schon lange prophezeit wurde, liefen die Farbbehandlungen der Dauerwelle noch immer deutlich den Rang ab. Auch die Lockenmähne von Sarah Jessica Parker in der Kultserie „Sex and the City“ konnte daran nichts ändern. Faszinierende Farbspiele im Haar, mithilfe von Strähneneffekten und besonderen Färbetechniken erzeugt, waren häufiger Blickfang in der Frisurenmode der Frau. Die „Sixties“ und „Seventies“ blieben als Modethema nach wie vor modern. Hinzu kamen asiatisch anmutende Frisurentrends, die zusätzlich mit starken Farbakzenten spielten. Neue Rezepturen und Inhaltstoffe der Farbprodukte sorgten für immer mehr Brillanz und Haltbarkeit der Farben. Auch die Dauerwellprodukte wurden den Bedürfnissen der Kundinnen angepasst: Natürlichkeit, Schonung der Haarstruktur und einfache Handhabung der stützenden Wellen.

Der Mann

Die Männermode wandelte sich kaum. Der Siegeszug der Farbe allerdings war auch bei den Herren nicht zu übersehen – wenn auch wie üblich, in der bekannten männlichen Zurückhaltung. Kurzes, scheitelfreies Haar und meist glattrasierte Gesichter prägten die Herrenmode. Ausnahme: avantgardistisch anmutende filigrane Bärte bei jungen Männern. Mutige Männer wechselten ihr Äußeres häufiger.

Das Styling spielte vor der Farbe die entscheidende Rolle in der Frisurengestaltung. Zahlreiche Produkte versprachen kreative Stylingmöglichkeiten und wurden von der jugendlichen Männerwelt täglich verwendet.

Kinder
Eine neue Zielgruppe gewann an Bedeutung. Schon Kinder trugen Farbe und Strähnchen. Der Zwölfjährige mit Farbsträhnchen und ausgefeiltem Styling war keine Ausnahme. Das zehnjährige Mädchen mit regelmäßig getöntem Haar oder blondierten Strähnen stand den Teenagern im Modebewusstsein in nichts nach.

Körperpflege
Das körperliche Bewusstsein war auf einem hohen Stand und damit die Körperpflegeindustrie weiterhin auf dem Vormarsch. Männer griffen nun häufiger in den Cremetiegel – speziell für Herren natürlich. Das gute und gepflegte Aussehen war für beide Geschlechter selbstverständlich. Schönheitsideal waren noch immer der schlanke, gut trainierte Körper und die straffe Haut. Um dieses So galten Schönheitsoperationen längst nicht mehr als Tabuthema. Tattoos wurden selbstbewusst von Mann und Frau getragen und waren inzwischen salonfähig geworden.

Kleidung
Für die Kleidung gaben modebewusste Menschen gerne Geld aus. Für die jungen Leute hieß es: „Dress for the moment!“ Mode ist, was Spaß macht und der Selbstdarstellung dient.
Die Erfolgsorientierten hielten sich daran, was gegenwärtig „hip“ war und studierten die „In- und Outlisten“ der Magazine. Schon längst akzeptierte man die Farbberatung als Mittel der positiven Verstärkung des persönlichen Auftritts.
Das Design der Mode trug noch immer Züge der vorangegangenen Jahre, wenn auch zum Teil deutlich körperbetonter und freizügiger. Die Damenmode war hüftbetont und meist taillen- wenn nicht bauchfrei. Die sportlichere Cargohose wurde von beiderlei Geschlecht getragen.
Die Jeans erfuhr ein Come-back in Form von unterschiedlich gestaltetem „Used-Look“. Ein Muss für junge Frauen wurde das neue Accessoire – der String. In Kombination mit der Hüfthose wurden die hervorblitzenden Dessous zum fast alltäglichen Anblick. Die männliche Jugend bevorzugte die sehr locker sitzenden Skaterhosen, welche die Eigenschaft besaßen, bis über die Hüfte herabzurutschen und damit einen typischen „coolen“ Gang hervorriefen. Auch hier war die freigelegte Haut oder die Unterwäsche als Blickfang gewollt.

Moderne Bartformen und Koteletten, *die regelmäßige Sitzungen beim Herrenfriseur erfordern.*

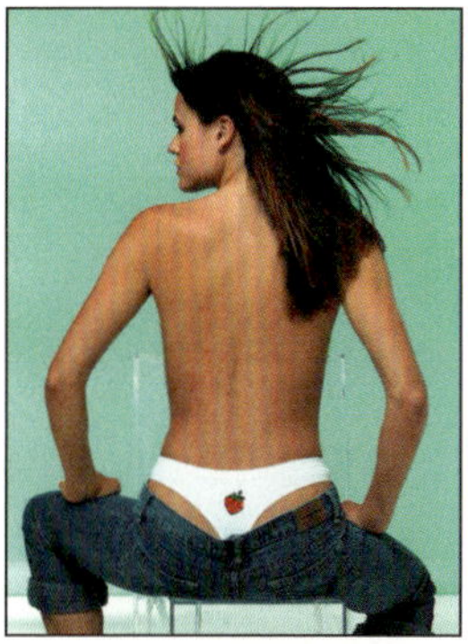

Sexy String *als alltäglicher Blickfang*

Sportlich lässige Skatermode

Tattoos *– auch für Frauen eine Zier*

Der Fußball-Superstar David Beckham *– ein avantgardistisches Vorbild in der Herrenmode mit häufig wechselnden Looks.*

Robbie Williams *– extrovertierter Künstler und Modevorbild*

In Deutschland wurde 2005 mit Angela Merkel zum ersten Mal eine Frau zur Bundeskanzlerin gewählt, deren Amtszeit länger als die aller Vorgänger dauern wird. Deutschlands Wirtschaft wuchs und das Land wurde zu einem der Führenden in Europa. Durch den Beitritt einer Reihe von Staaten wuchs die Europäische Union in Richtung Osten.

Die zunehmende Größe der EU, die schwache Wirtschaftslage einiger Staaten und die Flüchtlingskrise erschwerten ein gemeinsames Handeln in Europa.

Die Zahl der Geflüchteten aus Bürgerkriegsregionen vor allem in Afrika erreichte 2015 ihren Höhepunkt. Gleichzeitig mit großer Hilfsbereitschaft der deutschen Bevölkerung wuchs auch die Angst vor fremden Kulturen in Deutschland.

Der deutsche Schlager kam wieder in Mode. Interpreten wie Helene Fischer begeisterten alle Altersgruppen. Gemeinsam fieberte ganz Deutschland im „Sommermärchen“ 2006 mit den Fußballern der Nationalmannschaft, aber Weltmeister wurden sie erst 2014. Fitness blieb im Trend, dazu kam ein großes Interesse am veganen Lifestyle auf, einem Leben ganz ohne Tierprodukte. Nicht nur bei Nahrungsmitteln, sondern auch bei Kleidung und Kosmetik wurden immer mehr vegane Produkte angeboten und nachgefragt.

Die technische Entwicklung beschleunigte sich. Die Internetsuchmaschine Google wurde 2004 zum wertvollsten Unternehmen der Welt. Spielekonsolen und Gameboys kamen auf den Markt und wurden weiterentwickelt. Mit der Einführung des ersten iPhone 2007 begann die rasante Verbreitung der Smartphones. Nur wenige Jahre später folgte der tragbare Computer mit der Touchscreen-Oberfläche: das Tablet. 2005 wurde der Videokanal YouTube gegründet, auf dem Benutzer Videos sehen, aber auch selber verbreiten können. „Do-it-yourself“-Erklärvideos wurden zu allen Themen veröffentlicht. Soziale Medien, wie z. B. Facebook oder Twitter, ermöglichten den Austausch ihrer Benutzer untereinander und wurden zunehmend für Nachrichten und Werbezwecke eingesetzt. Nachrichten ließen sich nach Stichwörtern mit dem „Hashtag“ #-Symbol verknüpfen.

Die zunehmende Digitalisierung veränderte die Gesellschaft schnell. Man präsentierte sich selbst auf „Selfies“ oder in Videos, anfangs noch unter Freunden, später vor einem möglichst großen Publikum. „Influencer“ (Menschen, die durch ihre Bekanntheit Einfluss auf andere nehmen) wurden Meinungsgeber und konnten durch Produktempfehlungen das Konsumentenverhalten beeinflussen. Produkte aber auch politische Interessen wurden zunehmend über soziale Medien verbreitet.

Influencerin

Balayage

Pastelltöne

Pixie mit weißem Haar im Grannystyle

Dunkle Brille und natürliche, definierte Wellen

Die Frau

Getragen wurden großzügig gewellte, sehr weibliche Frisuren nicht nur zu festlichen Anlässen, sondern täglich. Wer es etwas lockerer mochte, trug Beachwaves, eine etwas lockerere Variante, die auch mithilfe von Dauerwellen erarbeitet werden konnte.

Für alle anderen Frisuren war das Glätteisen das wichtigste Werkzeug zum Wellen der Haare. Ein Dauertrend blieb der Bob, in diesen Jahren besonders erfolgreich als schulterlanger Longbob. Extreme Kurzhaarschnitte wurden oft in Form des Pixie getragen. Die Haarfarben wurden einheitlicher und harmonischer. Freihandfärbetechniken und die dazu neu entwickelten Färbeprodukte brachten natürliche Akzente und Farbverläufe ins Haar. Besonders bekannt wurden die Techniken Ombré , Balayage und Contouring.

Neben den natürlichen Farbtönen wurden Pastelltöne in allen Farbrichtungen getragen. Viele Kundinnen der Generation Babyboomer ließen ihre künstlichen Haarfarben herauswachsen und trugen ihr Haar naturgrau. Grau als Modefarbe wurde im Grannystyle auch auf jüngeren Köpfen getragen.

Der Mann

Der Mann investierte immer mehr Zeit und Geld in sein Äußeres. Zunächst wurden Haare kreativ nach oben oder zur Tolle gestylt, später ließ er das Deckhaar wachsen und trug es in Form eines Zopfes oder eines Männerdutts. Nacken und Seiten blieben kurz. Manche trugen Haartattoos. Mit dem kürzeren Deckhaar kamen der Seitenscheitel, zum Teil einrasiert, und die immer höher anrasierten Nackenpartien und Seiten. Der Bart dagegen wurde länger und als Vollbart getragen. Haar- und Bartpflege erforderten einen sehr regelmäßigen Friseurbesuch, immer mehr Barbershops wurden eröffnet. Der Mann ging nun regelmäßig zum Friseur und nutzte auch zuhause Pflege für Haare und Bart.

Körperpflege

Wie in den Jahren zuvor verwendeten Mann und Frau viel Zeit und Geld auf die Körperpflege. Körperhaare wurden bei beiden vollständig entfernt. Gleichzeitig waren Tattoos weiter sehr beliebt, die Motive wandelten sich von Blumenmotiven über Schriftzüge hin zu feinen Linientattoos. Üblich waren Piercings in Nasenflügeln und Augenbrauen, später wurden Tunnelohrringe getragen, bei denen die Ohrläppchen enorm geweitet wurden.

Die Frau trug lange Wimpern, entweder echte (verstärkt durch Wimpernseren) oder falsche, die in allen Größen auch für den Alltag angeklebt wurden. Aus den Strichaugenbrauen wurden breite, dunkle Brauen, die man durch Farben oder Tattoo (Microblading) betonte.

Nagelverlängerungen waren erst nur bei Wenigen zu sehen, die auffällige Muster und Nagelpiercings in speziellen Nagelstudios machen ließen. Dauerhaft farbige und haltbare Nägel setzten sich schließlich in allen Altersgruppen durch und ließen sich sogar zuhause selber machen.

Kleidung

Eine einheitliche Moderichtung gab es nicht mehr. Trends aus den vergangenen Jahren wiederholten sich immer schneller. Ein Dauerbrenner blieben die Jeans, jetzt waren sie sehr körperbetont als skinny jeans, und wurden von Männern und Frauen getragen. Neben Verzierungen wurden Löcher und Einschnitte in den Hosen als Markenzeichen getragen. Leggins wurden wieder getragen, jetzt auch im Jeans Look. Riesige Halstücher und dunkle Nerdbrillen wurden von Männer und Frauen dazu kombiniert.

Männerdutt

Bart und Seitenscheitel

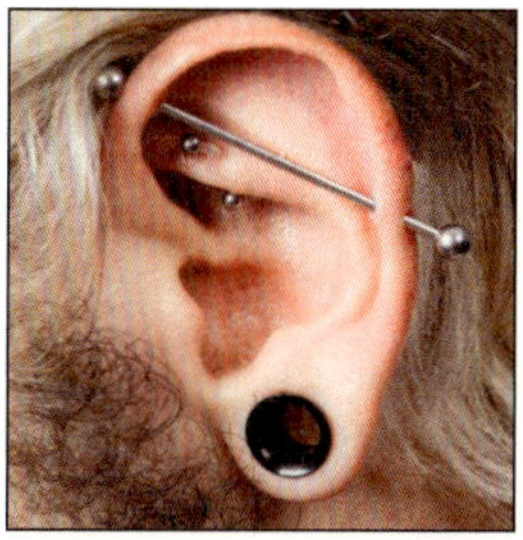

Tunnelohrring und Piercing

Augen mit langen Fake-lashes und dicken, dunklen Augenbrauen.

Skinny jeans *(= Röhrenjeans)*

Zeit	Damenfrisur	Haarteile/Accessoires
Gründerzeit	hoch aufgebaute Frisuren mit glatten oder gelockten Stirnfransen, Chignon am Hinterkopf zu Knoten, Schleife oder Lockenchignon frisiert	gekreppte, gewellte Haarteile, falscher Zopf, Transformation
Jugendstil	hochondulierte Einschlagfrisuren mit großen Wagenradhüten, strenge Reformfrisur mit Abwandlungen, hochgesteckte Knotenfrisur	Zierkämme, Wagenrad hüte, Blüten, Federn
Erster Weltkrieg bis 1929	Pagenkopf ohne Pony, glatt, mittellang, stumpf geschnitten und füllig, Bubikopf mit Ponyfransen oder Wellen, im Nacken angeschnitten und eng anliegend frisiert, Eton- oder Garçonfrisur im Stil des Herrenhaarschnitts	Stirnbänder, Topfhüte
1930 – 1939	lockiger Kurzhaarschnitt, halblange Wellenfrisur, Langhaarfrisur mit Wellen, Locken oder Rollen im Nacken, Olympiarolle und Page-boy-Frisur, häufig dauergewellt und blondiert	kleine randlose Hüte mit Schleiern, sog. Toques
1940 – 1949	gewelltes Haar zur Hochfrisur gesteckt, Entwarnungsfrisur mit nach oben eingeschlagenem Seiten- und Nackenhaar, Vorderkopfpartie zum Lockentuff frisiert, Kurzhaarschnitt, fransig mit wenig Volumen	Kopftuchmode mit zum Turban drapierten Schals und Tüchern
1950 – 1959	gewellte oder leicht gelockte Kurzhaarfrisuren mit wenig Volumen, Meckifrisur, Pferdeschwanzfrisur, Pony, Stirnfransen, Farah-Diba-Frisur	Haarteile für Farah-Diba-Frisur, Perücken
1960 – 1969	Frisur „à la Jaqueline“, geometrischer Sassoon-Haarschnitt, langes offenes Haar, „Löwenmähne“ mit stark toupiertem Oberkopfhaar	Perücken, meist aus Kunsthaar
1970 – 1979	langes offenes Haar, stark gekraustes Haar (Afrolook), „Cosi“: glatter Pony, voluminöser lockiger Hinterkopf, „Wedge“, gewellter Bubikopf, Olympiarolle	Haarteile (Cosi), Blumenschmuck, Haarspangen
1980 – 1989	gestufte, fransig geschnittene Frisuren in allen Längen, auffällige Farbeffekte, Young-Fashion-Frisuren, „geknetete“ Lockenfrisuren	künstliche, z. T. farbige Haarteile, z. B. Strähnen, Zöpfe
1990 – 1995	Grungelook, Glamourlook, Frisuren der Sechziger- und Siebzigerjahre	Blumenschmuck, Haarspangen
1996 – 2004	faszinierende Farbspiele, weniger Locken, Frisuren asiatisch inspiriert, weiterhin langes offenes Haar	Haarverlängerung, Haarspangen
2005 – 2019	Balayage und Pastelltöne, Grannystyle, natürliche Wellen	dunkle Brillen

Herrenfrisur	Bärte	Filmtipps
anliegendes, pomadisiertes kurzes Haar, oft bis zum Hinterkopf durchgezogener Scheitel	Spitzbart, Knebelbart, „Es ist erreicht", verschiedene Vollbartformen, Backenbärte	*Peter Schamoni*, Majestät brauchen Sonne, D 1999 *James Camaron*, Titanic, USA 1997
glatt anliegendes, pomadisiertes kurzes Haar, Mittel- oder Seitenscheitel	verschiedene Bartformen (s.o.)	*G.W. Pabst*, Die Büchse der Pandora, D 1929 *Volker Heise*, Abenteuer 1900, ARD 2004
anliegendes, pomadisiertes Haar, längeres Deckhaar nach hinten gekämmt oder mit Scheitel, Bürstenfrisur	häufig bartlos oder kleiner englischer Bürstenbart, Schnauzer zur Bürstenfrisur Hindenburgs	*Fritz Lang*, Metropolis, D 1927 *Josef von Sternberg*, Der Blaue Engel, D 1930
„Filmcharmeur" oder „Tangofrisur" im Fassonschnitt, Militärschnitt	kurzer schmaler Oberlippenbart, auch „Menjoubärtchen" genannt	*Ernst Lubitsch*, Engel, USA 1937 *Robert A. Stemmle*, So ein Flegel, D 1934
Militärschnitt bis 1945, mäßig kurzes Haar scheitellos nach hinten gekämmt, Meckifrisur	bis 1945 schmaler Oberlippenbart Hitlers, bartlos	*Vittorio de Sica*, Fahrraddiebe, ITA 1948 *Alfred Hitchcock*, Der Fall Paradin, USA 1947 *Max Färberböck,* Aimée und Jaguar, D 1998
Messerhaarschnitt, Bombagefrisur, pomadisierte Stirnlocke, Nackenhaar zur „Ente" gekämmt	bartlos	*Nicolas Ray*, Und sie wissen nicht, was sie tun, USA 1955 *Franc Roddam*, Quadrophenia, GB 1978
mäßig lange Scheitelfrisuren, nach vorn gekämmtes, kürzeres Haar, Beatlesfrisur, langes Haar	Schnurrbart, Vollbart	*Rolf Thiele*, Lulu, Ö 1962 *Richard Lester*, HiHiHilfe, GB 1965
schulterlanges Haar, lange Koteletten, Afrolook, kürzere, gepflegtere Frisuren	verschiedenste Bartformen, Backenbärte	*John Badham*, Nur Samstag Nacht, USA 1977 *Milos Forman,* Hair, USA 1977
Young-Fashion-Frisuren, Kurzhaarfrisuren, Punkfrisuren, Langhaar- und Zopffrisur	Dreitagebart	*Uli Edel*, Die Kinder vom Bahnhof Zoo, D 1981 *Larry Elikann*, Dallas – wie alles begann, USA 1986
volles Deckhaar, die Stirn bedeckend, längere Koteletten, Kurzhaarfrisuren mit aufgestelltem Stirnhaar	„Ziegenbärte" und andere zierliche Kinnbartformen	*Mike Newell*, Vier Hochzeiten und ein Todesfall, GB 1993 *Walter Becker*, Good Bye Lenin, D 2002 Serie: Lindenstraße, D seit 1985, bisher über 1200 Folgen
Kurzes scheitelfreies Haar, lange schmale Koteletten, Styling und Farbveränderungen	Dreitagebart, filigraner Oberlippen- und Kinnbart	Serie: Sex and the City, USA 1998 – 2002, 74 Folgen
langes Deckhaar, Zopf, Männerdutt mit kurzen Seiten, Seitenscheitel	langer Bart, Vollbart	Mark Waters, Freaky Friday – Ein voll verrückter Freitag, 2003

Aufgaben zur Stil- und Frisurenkunde ab der Gründerzeit:

1. Nennen Sie Elemente der Damenfrisuren der Gründerzeit, die aus früheren Stilepochen stammten.
   (Zur Gründerzeit, siehe Seite 70–72)
2. Welchen Vorteil bot die 1872 erfundene Marcel-Ondulation gegenüber dem Brennen mit Well-und Kreppeisen?
   (Zum Jugendstil, siehe Seite 73–75)
3. Nennen Sie die Veränderungen von Frisur und Kleidung, mit denen sich die Reformbewegung um 1900 von der herrschenden Mode abzugrenzen versuchte.
4. Zeichnen Sie unterschiedliche Bartformen der Gründerzeit bis zum Beginn des Ersten Weltkrieges.
5. Welche Ursachen hatte die große Begeisterung der Frauen für den Pagenkopf um 1920?
   (Zu den Zwanzigerjahren, siehe Seite 76/77)
6. Beschreiben Sie die Unterschiede zwischen Pagen- und Bubikopf.
7. Von welchen Faktoren wurde die Form der Herrenfrisur um die Jahrhundertwende beeinflusst?
8. Aus welchen Gründen wandelte sich das Schönheits- und Frauenideal in den Zwanzigerjahren und erneut in den Dreißigerjahren?
   (Zu den Dreißigerjahren, siehe Seite 78/79)
9. Suchen Sie nach Frisuren der Antike, die als Vorbilder für die Damenfrisuren der Dreißigerjahre gegolten haben können.
10. Erstellen Sie ein typisches „Greta-Garbo-Make-up“.
11. Beschreiben Sie die „Entwarnungsfrisur“ von 1945.
    (Zu den Vierzigerjahren, siehe Seite 80/81)
12. Wie veränderte sich die Herrenfrisur in den Nachkriegsjahren?
13. In welcher Weise erinnern die Kurzhaarfrisuren der Damen an das Direktorium/die Revolutionszeit?
14. Welche neuen Einflüsse bestimmten den schnellen Modewechsel der Frisuren und der Bekleidung in den Fünfzigerjahren?
    (Zu den Fünfzigerjahren, siehe Seite 82–84)
15. Versuchen Sie typische Frisurenelemente der Mode der „Halbstarken“ in den Herrenfrisuren von heute zu entdecken.
16. Beschreiben Sie die Frisur, mit der Vidal Sassoon die Damenmode um 1963 entscheidend veränderte.
    (Zu den Sechzigerjahren, siehe Seite 85– 87)
17. Welchen Einfluss hatte die Jugend- und Musikszene in den Sechzigerjahren auf die Entwicklung der Herrenfrisur?
18. Suchen Sie in Zeitschriften nach Abbildungen, die Elemente der Frisuren- und Kleidermode der Sechziger- und Siebzigerjahre beinhalten.
19. Welche Frisurenmoden wurden in den Siebzigerjahren sowohl von Männern als auch von Frauen getragen?
    (Zu den Siebzigerjahren, siehe Seite 88/89)
20. Beschreiben Sie, wie die Frisurenmode der Achtzigerjahre vom Punklook beeinflusst wurde.
    (Zu den Achtzigerjahren, siehe Seite 90/91)
21. Gestalten Sie mit Haarfestigern, Farbsprays und anderen Hilfsmitteln eine „Punkfrisur“.
22. Schneiden Sie aus Modezeitschriften Frisuren der Neunzigerjahre aus. Fertigen Sie sich damit ein Frisurenheft, indem Sie die Bilder z. B. nach Grunge-, Glamour- und Retrostil ordnen und einkleben.
    (Zu den Neunzigerjahren, siehe Seite 92/93)
23. Vergleichen Sie die Frisuren- und Kleidermode Anfang der Neunzigerjahre und heute. Verwenden Sie dazu Abbildungen aus Zeitschriften und aus dem Internet.
24. Die eigene Frisur und Kleidung wird ab den Jahren 2014/2015 in den sozialen Netzwerken „gepostet“. Nehmen Sie Stellung dazu.

Frisurenshow

Gestalten Sie eine historisch inspirierte Frisurenshow.

Mögliche Ziele:

A Es werden neue Frisurenkreationen an Modellen erstellt, die an historische Vorbilder angelehnt sind. Diese Kreationen können in einer Show oder Fotoausstellung präsentiert werden. Ideen und Techniken werden in Texten bzw. durch Moderatoren anschaulich erläutert.

B Es wird eine Zeitreise durch die Welt der Frisuren moderiert. Die Modelle werden dafür möglichst genau nach historischen Vorbildern frisiert, geschminkt und gekleidet. Die Show wird mit ausgewählten Musikstücken unterlegt, und moderiert.

Tipps für die Planung und Durchführung

1. Die Beteiligten fassen in einer Mind Map zusammen, was ihnen zu der Showgestaltung einfällt. Dabei werden Arbeitsschwerpunkte entwickelt.
2. Es bilden sich Gruppen, die diese Arbeitsschwerpunkte verantwortlich übernehmen wollen (z. B. Moderation/Werbung).
3. Innerhalb der Gruppen erfolgt eine eindeutige Aufgabenzuweisung.
4. In den Arbeitsgruppen werden Listen geschrieben, in denen festgehalten wird, wer was bis wann zu erledigen hat.
5. Die Gruppen berichten am Ende jeder Arbeitsphase im Plenum über den Stand ihrer Arbeit und nutzen das Plenum für erforderliche Abstimmungen.
6. Die Gruppen reflektieren regelmäßig ihre Zusammenarbeit. Nur so können methodische und soziale Kompetenzen wachsen.
7. Im Arbeitsraum ist eine Art Protokoll ausgehängt, das über den jeweiligen Stand des Projekts unterrichtet. So kann, wenn nötig, die Arbeit ohne lange Anlaufphase von Woche zu Woche fortgesetzt werden.
8. Dokumentieren Sie Ihre Projektarbeit. Es ergeben sich wertvolle Erfahrungen für Ihr nächstes Projekt.

***Moderatorin und Modelle** bei einer Zeitreise durch die Welt der Frisuren und Mode, dargestellt und fotografiert von Schülerinnen der BBS Soltau*

Interview *mit einem Girl der Fünfzigerjahre*

Interview *mit einem Hippie der Siebzigerjahre*

Interview *mit einem Punk.* ***Alle Fotos und Modelle*** *erstellt von Schülerinnen der BBS Soltau*

Interview mit einer Zeitzeugin

Statt einer Show finden Interviews mit den Modellen statt.
Die Modelle müssen sich darauf inhaltlich sehr gut vorbereiten. „Reporter/in" und „Zeitzeuge/in " sollten vorher einen Dialog verfassen, an dem sich beide während des Interviews orientieren können. Ein passender Hintergrund rundet die Szene ab.

Schön ist es, wenn dieses Interview mit einer Digetalkamera aufgezeichnet wird. So können die Szenen nachträglich bearbeitet und geschnitten werden, was dank neuer Software kein zu schwieriges Unterfangen darstellt.

Das fertige Produkt kann als Ergebnis des Projektes von allen Beteiligten gemeinsam gesehen werden und ist von bleibendem Wert.

Tipps für die Planung und Durchführung

1. Die Beteiligten wählen eine oder mehrere interessante Epochen/Dekaden aus und vertiefen zunächst in Gruppenarbeit ihre Kenntnisse zu verschiedenen Bereichen der Epoche. Z. B. Mode, Schönheitsideal, Geschlechterrollen, Sittengeschichte, Gesellschaft, Politik, Berufsgeschichte, Frisiertechniken, Behandlungsverfahren.
2. Die Gruppen verfassen eine Liste von Fragen und Antworten zu interessanten Themen.
3. Zu jeder Epoche/Dekade wird ein Dialog vorformuliert, der als Orientierungshilfe während der Aufnahme dient.
4. Die Gruppenmitglieder einigen sich über die Aufgaben: Kameraführung, Reporter, Zeitzeuge, und Souffleur.
5. Die Zeitzeugin wird frisiert, geschminkt und mit entsprechender Garderobe/Accessoires ausgestattet. Eine passende Umgebung wird gestaltet.
6. Das Interview wird aufgezeichnet.
7. Die Aufnahmen werden evtl. nachbearbeitet. Mit entsprechender Filmbearbeitungssoftware lassen sich u. a. Titel, Übergänge, Untertitel gestalten.

Arbeiten wie ein Maskenbildner

Die Verwandlung des Äußeren in einen Popstar, in eine Berühmtheit aus der Vergangenheit oder in das Objekt eines Malers fasziniert besonders stark. Hier werden künstlerische Fähigkeiten gefordert und gefördert.

A Portrait

B Popstar

C Berühmtheit

Alexej Jawlensky
„Mutter des Nikita"

Tipps für Planung und Durchführung

1. Für die Portraitaufgabe ein geeignetes Gemälde/Foto auswählen. Keine zu schwierigen Aufgaben vornehmen!
2. Neben Frisur, Kleidung und Make-up muss auch der Hintergrund gestaltet werden.
3. Man sollte möglichst großzügig planen, bei guter Vorbereitung braucht man etwa einen Schultag, bis das Foto aufgenommen werden kann – die Zeit vergeht wie im Flug!
4. Es ist gut, wenn man auf die Hilfe von erfahrenen Kosmetikerinnen zurückgreifen kann, die sich mit der Erstellung von Fotomake-up auskennen.
5. Erste Erfahrungen können auch mit einfachen Vorher-nachher-Fotos zur Typveränderung gesammelt werden.

Haben hier *Marilyn Monroe und Audrey Hepburn Patin gestanden?*
Fotos *von Schülerinnen der BBS Soltau*

***Titel/Einstiegsseite** einer Präsentation (Screenshot)*

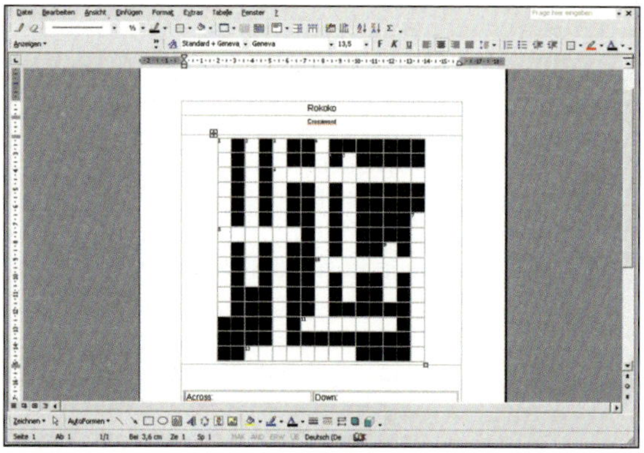

***Ein Kreuzworträtsel** erstellt mit der kostenlos im Internet erhältlichen „Hotpotatoes"-Software (Screenshot)*

Vertiefende Referate

Das Erstellen von Referaten in Form von Powerpoint Präsentationen sollte mittlerweile in fast allen Schulen möglich sein. Sowohl Lehrkräfte als auch Auszubildende haben oft Erfahrung mit dieser Software.

Tipps für Planung und Durchführung

1. Mithilfe einer Mind Map werden interessante vertiefende Fragen zu den Epochen/Dekaden herausmoderiert.
2. Die Interessenten ordnen sich Themen zu.
3. Die Arbeitsform wird bestimmt. Arbeitsgruppen klären und verteilen konkrete Aufgaben unter den Mitgliedern.
4. Die wichtigsten Regeln/ Rahmenbedingungen für den Aufbau und die Präsentation des Referates werden verdeutlicht.
5. Das Einholen von vertiefenden Informationen und Bildern zu einzelnen Schwerpunkten erfolgt in Bibliotheken und im Internet.
6. Wenn die Sammlung abgeschlossen ist, wird die Präsentation erarbeitet.
7. Auszubildende ohne Powerpoint Erfahrung erhalten eine Anleitung oder eine kompetente Mitschülerin zur Seite gestellt (ein Kriterium bei der Bildung von Arbeitsgruppen).
8. Die Präsentationen sind ein Highlight für alle Beteiligten und sollten nicht im Schnellverfahren ablaufen.
9. Ein Quiz oder ein Kreuzworträtsel am Ende der Präsentation fördert die Konzentration der Zuhörer und festigt das Verankern der Informationen.
10. Die Präsentationen lassen sich als Notizseiten mit drei Folien pro Seite ausdrucken und bieten zusätzlich Raum für Anmerkungen.

***Mögliche Mind Map** zu den Siebzigerjahren*

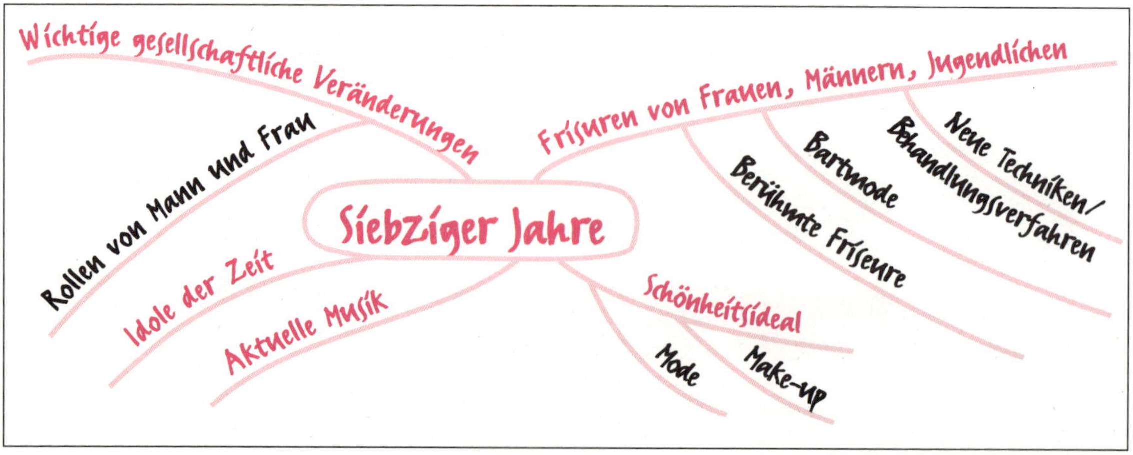

action press gmbh & co. kg, Hamburg: S. 96/4 (Visual Press Agency/face to face)
Archäologisches Landesmuseum der Christian-Albrechts-Universität, Schloss Gottorf, Schleswig: S. 16/2; 19
Archiv für Kunst und Geschichte, Berlin: S. 7/1; 9/3; 11/1; 27; 29/4; 31/1,2; 32; 38/1; 40; 48; 54/1,2; 57/3; 58/1,2; 64; 68; 70; 71/2; 72/1; 75/1,3; 76/1; 77/3; 78/2; 80/1
Bayerische Staatsbibliothek, München: S. 81/2
BBS Soltau: S. 101; 102; 103/3-6
Bibliothèque Nationale, Paris: S. 39/2,3
Fritz-Biemann-Sammlung, Zürich : S. 62 Mitte
Bildarchiv Preußischer Kulturbesitz, Berlin: S. 4/4; 28/2; 29/1,2,3; 30; 54/3; 57/1; 75/2; Titel
Bremen Marketing GmbH, Bremen: S. 28/1
Brooklyn Museum N.Y., New York, 6/2
Deutsche Presse-Agentur GmbH, Frankfurt/Main: S. 20; 24; 85/2; 88/1; 90/5; 92/1
Diözesanmuseum, Bamberg: S. 23 (Foto: Ingeborg Limmer)
Peter A. Flaegel, Hamburg: S. 103/2
Ingrid Flöter, München: S. 83/4
Fotex Medien Agentur GmbH, Hamburg: S. 91/2
Heike Franck/Nina Muruszach, Hamburg: S. 77/2; 79/4; 80/2; 83/1; 86/1; 88/3; 90/2; 93/4
Friseursalon Brigitte Hölger, Wustermark: S. 94/4
Haarmoden Daniela Voigt, Hattingen: S. 94/5
Hessisches Landesmuseum, Darmstadt: S. 17/2
Alexandra Höhn, Fotoagentur, Karlsruhe: S. 93/3
Iksal, Hamburg: S. 83/3 (Frisur von Olaf Krauslach)
Dieter Keller Team, Böblingen: S. 90/3; 93/2
Keller the School, Sindelfingen: S. 95/1
Kunsthistorisches Museum, Wien: S. 11/2
Prof. Dr. Ingrid Loschek, Krailling/München: S. 79/3; 84/2
Moving Hair für Goldwell, Bern: S. 93/1 (Foto: Bernd Nicolaisen)
Museum Vaticani, Rom: S. 8/2
Nationalmuseum Bagdad: S. 7/2
Österreichische Galerie, Schloss Belvedere, Wien: S. 53/1
Quelle AG, Fürth: S. 95/3,4
Rheinisches Landesmuseum, Trier: S. 14/2
Schwarzkopf & Henkel Cosmetics GmbH, Hamburg: S. 5/2; 13/2; 14/3; 33; 35/2; 41/1; 44/4; 47/2; 49/1; 53/2; 54/4; 55/2; 56/1,2,4; 57/2; 59; 60; 62/2; 71/3; 72/2; 76/3; 82/7; 83/2; 86/2,3
Shutterstock Images LLC, New York, USA: S. 96/1 (panuwat phimpha), 2 (ladie_c), 3 (Oleg Gekman), 5 (lightwavemedia); 97/1 (StevenK), 2 (George Rudy), 3 (Anetlanda), 4 (puhhha), 5 (Smirnof)
Nachdruck-Dienst Axel Springer Verlag, Hamburg: S. 92/3
Staatliche Kunstsammlungen – Kupferstich-Kabinett, Dresden: S. 28/4
Staatliche Sammlung Ägyptischer Kunst, München: S. 2
Süddeutscher Verlag, Bilderdienst, München: S. 77/1; 81/1
Gaby Tinnemeier, Munster: S. 104/1
Transglobe Agency, Hamburg: S. 85/1; 87/2; 88/2,4; 90/4; 91/1,3
Ullstein-Bilderdienst, Berlin: S. 34; 78/1; 79/1,2; 81/3; 82/1–6; 84/1,3
Uni-Dia-Verlag, Großhesselohe: S. 3; 4/1; 5/1; 6/3
Verlag Handwerk und Technik GmbH, Hamburg: S. 94/5
VG Bild-Kunst, Bonn 2005: S. 103/1 (Standort: Kunsthalle Emden)
Wella AG, Darmstadt: S. 47/3; 51
Margret Wenzel-Jelinek, Wien: S. 89